하루 3분
눈이 좋아지는 그림 놀이

子どもガボール
© Rui Hiramatsu 2022
Illustration © Shunsuke Satake
Originally published in Japan by Shufunotomo Co., Ltd
Translation rights arranged with Shufunotomo Co., Ltd.
Through Danny Hong Agency

이 책의 한국어판 저작권과 판권은 대니홍 에이전시를 통한 저작권자와의 독점 계약으로 ㈜넥서스에 있습니다.
저작권법에 의해 한국 내에서 보호를 받는 저작물이므로 무단 전재와 무단 복제, 전송, 배포 등을 금합니다.

하루 3분, 눈이 좋아지는 그림 놀이

지은이 히라마쓰 루이
그린이 사타케 슌스케
옮긴이 김소영
펴낸이 임상진
펴낸곳 (주)넥서스

초판 1쇄 발행 2022년 7월 4일
초판 2쇄 발행 2022년 7월 11일

출판신고 1992년 4월 3일 제311-2002-2호
10880 경기도 파주시 지목로 5
Tel (02)330-5500 Fax (02)330-5555

ISBN 979-11-6683-290-1 73510

저자와 출판사의 허락 없이 내용의 일부를
인용하거나 발췌하는 것을 금합니다.

가격은 뒤표지에 있습니다.
잘못 만들어진 책은 구입처에서 바꾸어 드립니다.

www.nexusbook.com

하루 3분

노벨상 수상자가 증명한 기적의 시력 향상법

눈이 좋아지는 그림 놀이

유아·초등학생용

히라마쓰 루이 지음 | 사타케 슌스케 그림 | 김소영 옮김

넥서스주니어

시작하며

TV나 게임, 스마트폰, 태블릿은 어린이들의 눈에 좋지 않은가요?

답은 '그렇다'입니다. 적어도 좋을 건 없지요.

하지만 아이들의 눈에 띄지 않게 완벽히 치우기란 불가능합니다.

이러한 디지털 미디어 외에도 이 세상에는 눈에 부담을 주는 것들이 넘쳐 납니다.

그래서 근시를 가진 아이가 늘어나고 있지요.

근시를 가진 사람은 장래에 백내장, 녹내장, 망막박리 등에 걸릴 위험이 높다고 합니다.

안경이나 콘택트렌즈가 필요한 삶이라니, 생각만 해도 번거롭습니다.

자녀가 근시를 가지길 바라는 부모들은 없을 겁니다.

그렇다고 해서 TV도 보지 말고 게임도 하지 말라고 하면 아이들이 순순히 말을 들을까요?

만약 '근시를 예방하려면 공부는 안 시키는 게 좋대요.'라는 조언을 들었습니다.

당신은 따르시겠습니까?

눈에 좋은 이상적인 삶을 살기란 불가능하게만 느껴집니다.

3년 전 일본에 소개된 '가보르 아이'는 큰 반향을 불러일으켰습니다.

많은 분이 **간단하고 부작용이 없으며 과학적으로 효과가 입증된 시력 회복법**에 도전했고 효과를 봤습니다.

하지만 가보르 아이는 흑백 줄무늬를 보기만 하면 되는 아주 단순한 작업이지요.

싫증을 잘 내는 어린이들은 따분하게 느낄 수도 있습니다.

'어린이들이 **즐기면서 꾸준히 할 수 있는 가보르 아이**를 만들 수 없을까?'

이 책은 그러한 마음을 계기로 태어났습니다.

모든 사람이 눈에 대해 더 자세히 알고 **소중히 여기길.**

그러한 분에 넘치는 바람을 담아 신기하고 재미난 퀴즈도 가득 담았습니다.

가보르 아이는 하루에 3분씩 하는 것이 제일 적당하지만, 특별한 제약은 없습니다.

하루에 몇 번을 해도 좋고 가끔 쉬어도 좋습니다.

피로감을 느끼거나 노안이 슬슬 걱정되는 아버지, 어머니, 할아버지, 할머니까지

가족이 옹기종기 모여 즐겁게 그리고 손쉽게 해 보세요.

목차

시작하며 4

어른 페이지

눈의 발달 시력은 눈의 기능이나 뇌의 발달과 함께 8~10세 때 완성된다 —— 8

어린이 근시 초등학생 3명 중 1명, 중학생 2명 중 1명의 시력은 1.0이 안 된다 —— 10

눈의 구조 다양한 부위와 기능이 서로 연계해서 사물을 본다 —— 12

눈이 잘 보이지 않는 원리 먼 곳이 잘 보이지 않는다면 근시 —— 14

원시는 가까운 곳도 먼 곳도 잘 보이지 않는다 —— 15

눈이 불편해 보이는 어린이를 그대로 두지 마세요! 사시·약시 —— 16

column 안경을 쓰면 '근시가 심해진다'라는 말은 오해! —— 17

STOP! 근시 어린이의 눈에 나쁜 것 ❶ 공부 또 공부 —— 18

❷ 무제한 디지털 디바이스 —— 19

❸ '눈에 좋은 음식'에 집착 —— 20

column 어린이의 눈에 부담을 주는 것들 —— 21

STOP! 근시 어린이의 눈에 좋은 것 ❶ 눈의 속근육 단련하기 —— 22

❷ 뇌의 처리 능력 높이기 —— 23

❸ 눈에 자극을 주지 않는 환경 만들기 —— 24

어린이의 눈, 어떻게 할까? 왜 그럴까? Q & A —— 26

（가보르 아이란?） 시력 개선을 목표로 뇌 훈련하기 —— 28

세계에서 유일하게 과학적으로 증명된 방법 '가보르 아이' —— 30

가보르 아이, 이것이 궁금하다! Q & A —— 32

어린이 페이지

이제부터 등장할 친구들 —— 34

이 책의 사용법 —— 35

（첫째 주） 눈이 좋아지는 **친구 모으기** ＋ 퀴즈 —— 38

（둘째 주） 눈이 좋아지는 **다른 모양 찾기** ＋ 퀴즈 —— 52

（셋째 주） 눈이 좋아지는 **친구 모으기** ＋ 퀴즈 —— 66

（넷째 주） 눈이 좋아지는 **미로** ＋ 퀴즈 —— 80

고난도★문제 —— 94

마치며 96

눈의 발달

시력은
눈의 기능이나
뇌의 발달과 함께
8~10세 때 완성된다

갓 태어난 아기 때

- 거의 보이지 않는다
- 안구의 지름은 약 16.5mm

point
- 밝은지 어두운지 알 수 있는 정도
- 2개월쯤 됐을 때 눈으로 사물을 쫓을 수 있게 된다
- 첫 돌 때의 시력은 0.1~0.2 정도

몸이 성장하듯 눈도 성장하면서 시력이 생긴다

갓 태어난 아기는 앞이 거의 보이지 않습니다. 시력은 0.01 정도지요. 밝기를 인식하고 사물의 윤곽이 흐릿하게 비치는 정도일 겁니다. 하지만 생후 2개월쯤에는 천천히 움직이는 사물을 눈으로 쫓을 수 있을 정도로 눈부시게 발달합니다. 돌을 맞이할 즈음에 시력은 0.1~0.2 정도가 되지요.

시력의 발달은 눈의 크기와 관련이 있습니다. 아기는 몸이 작은 만큼 안구도 작습니다. 갓 태어난 아기의 안구는 지름이 16.5mm 정도입니다. 그러다 돌 때는 21mm 정도, 10세가 되면 어른과 거의 비슷한 24mm 정도까지 커집니다. 안구의 지름이 길어질수록 초점이 점점 잘 맞게 되고 3세에는 1.0 정도의 시력이 나옵니다.

3세	8~10세	어른이 되면

◉ 시력 약 1.0 (0.5 이상) ◉ 안구의 지름 약 21mm	◉ 시력 약 1.0~1.2 ◉ 안구의 지름 약 22~24mm	눈은 10세 이전에 발달을 마친다. 그 후 기능이 크게 변화하지는 않지만 눈의 사용이나 환경에 따라 근시가 조금씩 진행된다. 중장년층에 접어들 즈음에는 노안 등 나이가 들면서 나타나는 트러블을 느끼는 사람이 늘어난다. 백내장이나 황반변성 등도 고령이 될수록 발병하기 쉬워진다.
— point — ● 3세까지 시력은 급속히 발달한다 ● 3세 때 건강 검진에서 시력 검사를 한다 (발달 지연이나 이상, 질환 등을 조기에 발견하기 위해)	— point — ● 어른의 수준만큼 시력이 발달한다 ● 눈의 발달이 거의 끝난다 ● 근시를 가진 어린이가 늘어난다	

8~10세까지 눈 발달의 황금기

사물을 올바로 인식하기 위해 중요한 것은 시력뿐만이 아닙니다. 색을 분별하는 능력(색각), 좌우 눈으로 본 두 개의 영상을 뇌에서 하나로 합치는 능력(양안시) 등도 길러야 하지요. 태어난 후 8~10세까지는 눈의 발달이 황금기를 겪습니다. 눈의 기능뿐만 아니라 뇌도 쑥쑥 자라 보는 능력이 어마어마한 속도로 발달합니다. 가능하면 눈에 좋은 환경을 갖추어 '잘 보이는 눈'을 길러 줘야겠지요. 밖에서 몸을 움직이고, TV나 스마트폰은 적당히 떨어져서 보고, 눈이 피로하면 휴식을 주고, 영양이 골고루 갖춰진 식사를 섭취하고, 규칙적인 생활 리듬에 맞춰 사는 등 평소에 신경을 쓰면 건강한 눈으로 자랄 수 있습니다.

눈 발달의 트러블은 조기 발견이 매우 중요합니다. 혹시라도 건강 검진을 받았는데 문제가 보이면 되도록 빨리 안과를 찾으세요.

어린이 근시

초등학생 3명 중 1명, 중학생 2명 중 1명의 시력은 1.0이 안 된다

어린이 근시는 꾸준히 늘고 있다

지금 초등학생의 근시나 근시 예비군이 얼마나 되는지 알고 계시나요? 정답은 약 35%입니다. 무려 3명 중 1명꼴로 이미 근시이거나 위험군에 있다는 것이지요.

일본의 교육, 문화, 과학, 기술 업무를 담당하는 문부 과학성은 매년 전국 어린이의 발육이나 건강 상태를 조사합니다(학교 보건 통계 조사). 조사 항목에는 시력도 들어가 있는데, 그 자료에 따르면 일본 어린이의 시력은 수십 년에 걸쳐 떨어지고 있다고 합니다. 초등학생의 경우 1978년도에는 시력이 1.0 미만인 비율이 16%였습니다. 그런데 2019년도에는 34.6%로 두 배 이상 늘어난 것입니다. 이러한 추세는 한국도 크게 다르지 않습니다.

예컨대 시력 검사에서 0.9가 나왔다면 일상생활에 아무런 문제는 없습니다. 운전면허 조건도 0.7이니 '이 정도면 뭐.' 하고 생각할 수 있지요. 하지만 기준을 1.0 미만으로 정해서 일부러 집계를 했다는 사실에서 알 수 있듯이, 0.9는 근시 예비군입니다. 집계는 0.7 미만과 0.3 미만으로 이어집니다.

반대로 1.0 이상이면 일단 괜찮습니다. '1.5 안 나왔어.'라며 아쉬워하는 아이들도 있는데, 1.0과 1.5의 차이는 의학적으로 문제가 되지 않을 만큼 작습니다.

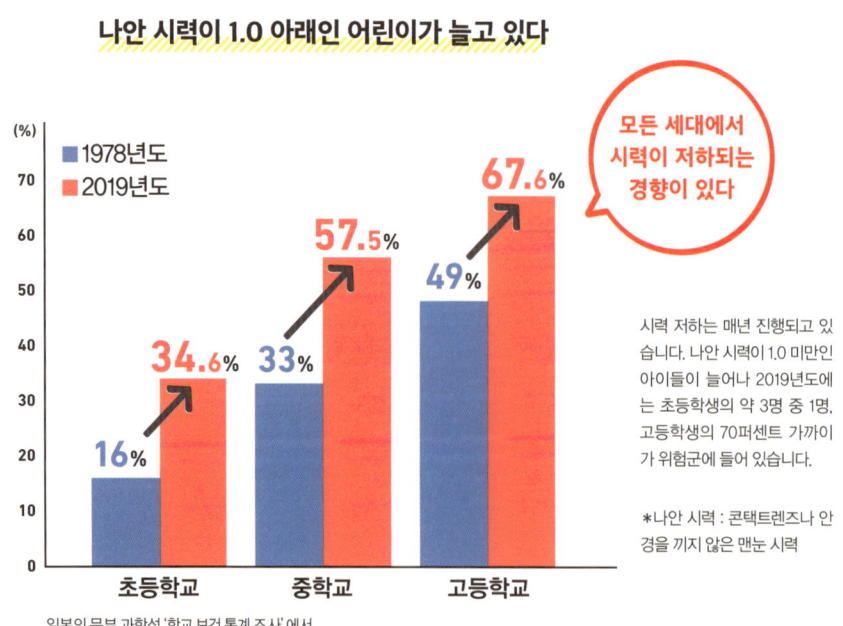

나안 시력이 1.0 아래인 어린이가 늘고 있다

시력 저하는 매년 진행되고 있습니다. 나안 시력이 1.0 미만인 아이들이 늘어나 2019년도에는 초등학생의 약 3명 중 1명, 고등학생의 70퍼센트 가까이가 위험군에 들어 있습니다.

*나안 시력 : 콘택트렌즈나 안경을 끼지 않은 맨눈 시력

일본의 문부 과학성 '학교 보건 통계 조사'에서

공부를 많이 하는 어린이는 근시가 되기 쉽다

왜 이렇게 근시가 늘어났을까요? 사실 근시의 원인은 분명히 밝혀지지 않았습니다.

다만 한 가지 확실한 원인으로 꼽을 수 있는 것은 밖에서 뛰어노는 어린이들이 줄어들었다는 점입니다. 밖에서 몸을 움직이면서 멀리 있는 것이나 가까이 있는 것, 멈춰 있는 것이나 움직이는 것 등 다양한 사물을 보는 것이 근시를 예방해 주는 것이 아닌가 싶습니다. 실내에서 노는 것도 물론 괜찮지만, 햇빛에 노출되는 것이 근시와 관련이 있지 않을까 하는 의견이 있습니다.

옛날에 비해 가까운 곳을 볼 기회가 늘어났다는 것도 근시 어린이를 늘어나게 했을 가능성이 있습니다. 스마트폰이나 태블릿이 보급되면서 손에 들고 있는 것을 볼 일이 많아졌다는 점이나 학원에 다니는 어린이들이 늘어났다는 점도 근시가 증가하는 데 한몫했으리라는 것이지요. 애니메이션에 등장하는 인물 중에서도 모범생 아이가 안경을 쓰고 있는 경우가 많은데, '공부를 잘하는 아이는 근시가 되기 쉽다.'라는 말은 안타깝게도 사실인 것 같습니다.

근시는 유전과도 관계가 있다는 사실이 밝혀졌습니다. 부모님 중 한 분이나 두 분이 모두 근시라면 어린이도 근시가 될 가능성이 높아집니다. 그러나 근시가 꼭 유전 때문은 아닙니다. 근시 예비군이 수십 년 동안 몇 배 이상으로 늘어난 원인이 유전에 있다고는 생각하기 어렵지요.

근시의 여러 가지 원인

생활 리듬이 불규칙   **부모님이 근시(유전)**   **밖에 나가 놀지 않는다**

스마트폰이나 게임을 자주 한다   **가까운 곳을 보는 작업이 많다**

근시와 확실한 원인 관계가 있다고 인정된 것은 밖에 나가 노는 일이 줄어들었다는 것입니다. 스마트폰 등을 눈에 가까이 대고 보는 것도 근시 증가의 원인으로 생각할 수 있을 것 같습니다.

눈의 구조

다양한 부위와 기능이 서로 연계해서
사물을 본다

눈이나 뇌에 문제가 생기면 시력에 영향이!

사람이 사물을 보는 구조를 간단히 알아봅시다. 눈에 들어온 영상은 수정체에서 초점을 조절해 망막의 중심 부분에서 상을 맺습니다. 그 정보가 뇌에 전달되면 '보인다'라고 할 수 있는 것이지요. ==눈 표면의 각막에서 뇌에 다다를 때까지 중간에 뭔가 잘못되면 보이는 것에 문제가 발생합니다.== 근시의 대부분은 안축의 길이에 문제가 있는데, 눈의 트러블은 그뿐만이 아닙니다.

예를 들어 노안이 있습니다. 노안은 수정체의 두께를 조절하는 모양체근이라는 근육이 점점 제구실을 못하게 되면서 생겨납니다. 또한, 노안은 고령자의 특징이라는 이미지가 있는데, 모양체근은 사실 10대, 20대부터 조금씩 퇴화가 진행됩니다.

또한 나이가 들면서 거의 모든 사람이 걸리는 것이 백내장입니다. 이는 긴 세월에 걸쳐 수정체가 흐려지면서 일어납니다. 안개가 낀 것처럼 시야가 뿌옇게 보이거나 시력이 떨어지지요.

망막 트러블이 심각해지는 경우도 있습니다. 나이가 들면서 성질이 변하거나 구멍이 뚫리거나 심한 근시 때문에 벗겨지면 영상에 초점이 잡히지 않게 됩니다. 이러한 증상이 진행되면 실명할 우려도 있습니다.

이건 알아 두자! 눈의 구조와 트러블

안축
(눈의 표면에서 망막까지의 거리)

모양체
홍채 바로 뒤에 있고, 수정체를 둘러싸고 있습니다. 모양체의 모양체근은 이완과 수축을 하여 수정체의 두께를 조절합니다. 모양체근의 기능이 약해지면, 피로한 눈이나 노안이 됩니다.

망막
눈 안쪽에 있는 막. 빛을 느끼고 영상을 비춥니다. 망막박리, 황반변성 등의 망막 트러블은 실명으로 이어질 때도 있습니다.

각막
눈의 표면, 검은 눈동자 부분을 덮는 막. 안구의 형태를 지키고 빛을 눈동자로 보내 주는 역할을 합니다. 상처가 생기면 균이 들어가 감염증을 일으킬 때도 있습니다.

수정체
렌즈 역할을 하는 부분. 눈에 들어온 영상은 수정체가 두께를 조절해서 초점을 맞춥니다. 수정체가 흐려지면 일어나는 백내장은 대부분 노화 현상입니다.

매일 성장하고 변화하는 어린이의 눈

그렇다면 어린이 눈의 건강은 어떻게 체크해야 좋을까요? 학교에서 하는 시력 검사를 한 가지 지표로 볼 수 있습니다. 이 검사에서 1.0 이상 보이는가(A판정)를 먼저 확인하세요. 0.7~0.9는 B판정입니다. 이 단계에서는 칠판 글씨도 거의 보이므로 크게 문제 삼지 않는 분들도 많은데, 근시는 빨리 대처할수록 개선 가능성도 높습니다. 방치하지 말고 의사와 상담하세요.

한편, 학교 시력 검사에 일희일비하는 것도 좋지 않습니다. A판정은 '근시가 아니다'라는 뜻이지 눈에 문제가 전혀 없다는 뜻은 아닙니다. 또한 예를 들어 C판정, D판정이 나와도 안경을 써서 1.0 이상의 시력이 나왔다면 의학적인 치료가 필요할 가능성은 낮습니다. 맨눈으로 0.2이라거나 안경을 껴도 0.7 정도밖에 되지 않는다면 조금 걱정이 되겠지요. 안경이 맞지 않을 수도 있고 다른 병이 숨어 있을 가능성도 있습니다.

초등학생은 하루가 다르게 자랍니다. 키나 몸무게와 마찬가지로 눈도 매일 성장하고 변화합니다. 시력 검사를 하는 것은 물론이고, 갑자기 시력이 떨어지거나 앞이 이상하게 보이는 등 어떤 증상이 발견되면 되도록 빨리 안과에서 가서 진찰을 받아야 합니다.

시력 검사로 알 수 있는 '시력 기준'

가까운 곳이 잘 보이는지 체크

	A	1.0 이상	교실 제일 뒷자리에서도 칠판 글씨를 읽을 수 있다
↓ 안과에서 진찰을 받으세요	B	0.9 ~ 0.7	교실 중간보다 뒷자리에서도 칠판 글씨를 거의 읽을 수 있다
	C	0.6 ~ 0.3	교실 중간보다 앞자리에서도 작은 글씨를 읽기 어렵다
	D	0.3 미만	교실 제일 앞자리에서도 안경이나 콘택트렌즈가 없으면 글씨를 읽을 수 없다

B판정을 받았다 하더라도 방치하지 말 것

A판정은 일정한 거리에서 사물이 보인다는 것을 확인했다는 것으로 '근시가 아니다'라는 뜻입니다. 예를 들어 가까이에 있는 것이 보이는지 보이지 않는지는 알 수 없습니다. 아이들에게 눈에 불편함을 느끼는 모습이 보인다면 안과에서 진찰을 받으세요.

눈이 잘 보이지 않는 원리

먼 곳이 잘 보이지 않는다면 근시

눈의 앞뒤 거리가 길어지면 근시가 된다

근시는 '가까운 곳이 보이고 먼 곳이 보이지 않는 상태'입니다. 아래 그림을 보면 알 수 있지만, 근시는 영상의 초점을 망막 바로 앞에서 맺습니다. 원래 맞아야 할 장소보다 가까운 곳에서 초점이 맞춰지기 때문에 '가까울 근(近)'을 써서 근시라고 부르는 것입니다.

그렇다면 왜 망막 바로 앞에서 초점이 맞춰지는 것일까요? 그것은 눈의 앞뒤 거리, 즉 안축이 길기 때문입니다. 안축은 보통 24밀리미터 정도입니다. 이 길이에서는 사물을 봤을 때 망막에 초점이 정확히 맞지요. 25밀리미터, 26밀리미터로 길어지면 그만큼 망막이 멀어지게 되어 초점이 망막 앞에서 맺힙니다. 보이는 사물과의 거리에 따라 빛이 굴절되는 정도가 바뀌기 때문에 가까운 곳을 볼 때는 망막에 초점이 닿지만 거리가 멀어지면 초점이 바로 앞에서 엇갈리게 되지요. 따라서 근시는 원래 길이보다 안축이 늘어난 상태라고 할 수 있습니다.

안축이 늘어난 것은 아니나 수정체의 두께를 조절하는 모양체근이 긴장해서 일시적으로 초점이 바로 앞에서 맞는 상태를 '가성 근시' 또는 '거짓 근시'라고 부릅니다. 책을 너무 가까이서 보는 등의 행동이 원인이 되지요.

근시는 망막 바로 앞에서 핀트가 맞는 경우

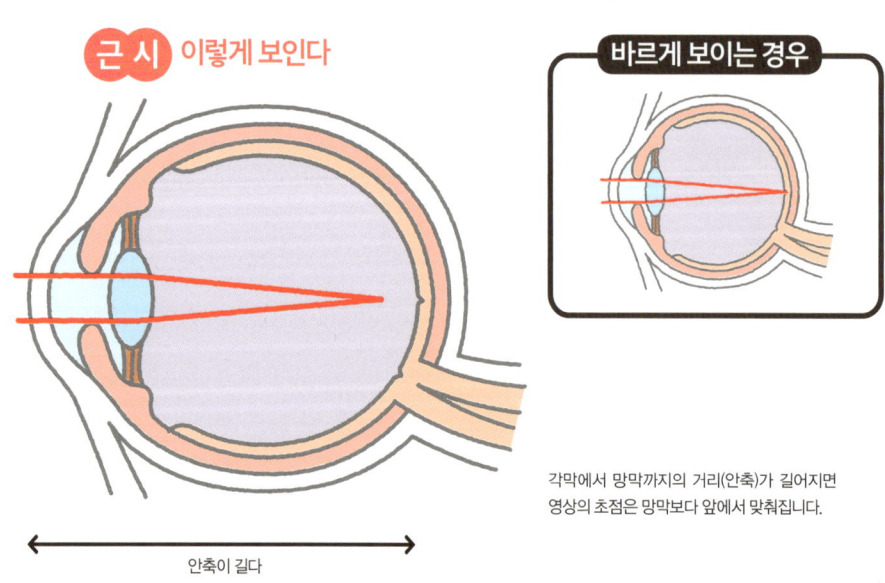

각막에서 망막까지의 거리(안축)가 길어지면 영상의 초점은 망막보다 앞에서 맞춰집니다.

| 눈이 잘 보이지 않는 원리 |

원시는 가까운 곳도 먼 곳도 잘 보이지 않는다

어린아이들은 모두 원시를 가졌다

'먼 곳이 잘 보이고 가까운 곳이 잘 보이지 않는 것'이 원시라고 생각하는 분들도 있습니다. 확실히 가벼운 원시는 거리가 떨어져 있을 때 비교적 잘 보이기도 하지만, 정확히 말하면 '가까운 곳도 먼 곳도 잘 보이지 않는 상태'라고 할 수 있습니다. 원시란 근시와 반대로 안축이 짧습니다. 그래서 핀트가 원래 맞아야 할 곳보다 더 먼 곳에서 맞게 됩니다. 그렇기 때문에 '멀 원(遠)'을 써서 원시라고 하지요.

그런데 어린아이들은 모두 원시라는 사실을 알고 있나요? 영유아는 몸집이 작아서 안구도 작습니다. 한 살 난 아기의 안축은 21밀리미터 정도지요. 이 상태에서 초점은 당연히 망막보다 뒤에서 맞춰집니다. 안축은 몸이 점점 자라면서 눈도 커져 8~10세쯤에는 어른과 똑같은 24밀리미터 정도까지 길어집니다.

이렇게 원시는 조금씩 개선되는데, 그중에는 눈의 성장이 느려서 강한 원시를 계속 갖게 되는 경우가 있습니다. 아이들은 안 보인다는 표현을 잘 하지 않기 때문에 알아채기가 어려운데, 그대로 방치해 두면 시력이 교정되지 않은 채로 어른이 되는 경우도 있습니다. 3세 때 건강검진에서 시력 검사를 하는 이유는 강한 원시를 발견하려는 목적도 있습니다.

원시는 망막 뒤에서 초점이 맞춰진다

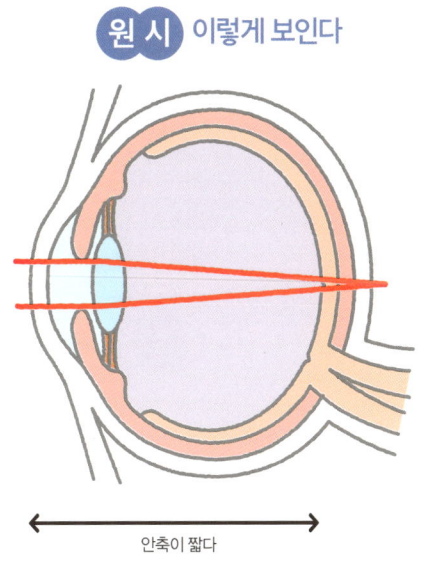

안축이 짧다

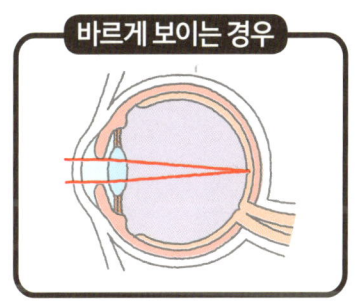

안축이 짧기 때문에 망막보다 뒤에서 초점이 맞는 것이 원시입니다. 몸이 작은 영유아들은 안축도 짧아서 모두 원시를 갖고 있지요.

눈이 잘 보이지 않는 원리

눈이 불편해 보이는 어린이를 그대로 두지 마세요! 사시·약시

강한 원시 때문에 일어나는 '사시'와 '약시'

어린아이들은 원시를 갖고 있지만, 눈이 성장하면서 시력이 조금씩 올라갑니다. 그러나 그중에는 강한 원시를 갖고 있어서 시력이 잘 올라가지 않는 아이들도 있습니다. 강한 원시가 있으면 초점을 열심히 맞추려고 눈을 모으게(사시) 될 때가 있습니다. 좌우 중 한쪽 눈의 눈동자가 코 쪽으로 쏠리는 '내사시'가 가장 많은데, 바깥으로 향하는 '외사시', 위아래로 향하는 '상사시', '하사시' 등도 있습니다.

또한 원시는 가까운 곳도 먼 곳도 잘 보이지 않기 때문에 영상이 흐릿한 채 뇌로 보내집니다. 8세쯤까지 계속 그런 현상이 이어지면 뇌가 '보는 방법'을 학습하지 않은 채로 눈의 성장이 멈추고 맙니다. 이것이 '약시' 입니다. 약시가 되면 안경을 써도 시력 교정이 어렵습니다.

어린이의 원시는 되도록 빨리, 원시용 안경을 써서 '보는 훈련'을 하는 것이 중요합니다. 의사의 지도 아래 제대로 치료하면 성장하면서 교정되는 사례가 결코 적지 않습니다. 아이가 눈을 이상하게 뜬다거나 다른 아이보다 잘 보지 못하는 모습을 보이면 무시하지 말고 꼭 안과를 찾아가세요.

강한 원시는 사시·약시의 원인이 될 때도 있다

약시 보이지 않는 상태가 '정상'이라고 생각하게 된다

일정한 연령을 넘어가면 눈은 성장을 멈춥니다. 그때까지 뇌가 보는 방법을 학습하지 않으면 안경을 써도 시력이 오르지 않는 상태에 빠지고 맙니다.

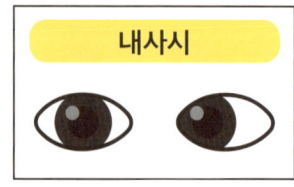

내사시

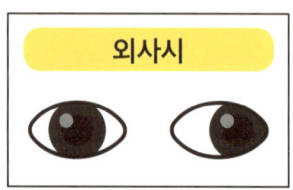

외사시

잘 보려고 하다가 눈동자 위치가 어긋나는 사시. 사시 중 70퍼센트 정도는 한쪽 눈동자가 코 쪽으로 쏠리는 내사시입니다. 그림에 있는 외사시 말고 위아래를 향하는 사시도 있습니다.

column
안경을 쓰면 '근시가 심해진다' 라는 말은 오해!

'자녀분은 근시라서 안경을 쓰는 게 좋겠네요.'라고 말씀을 드리면 '안경을 쓰면 근시가 심해지는 거 아니에요?'라며 꺼리는 부모들이 있습니다. 하지만 그건 오해입니다. 안경은 단순한 도구일 뿐이지, 썼다고 해서 근시가 심해지거나 반대로 근시가 좋아지지도 않습니다.

'안경 도수가 점점 높아지는데요.'라며 걱정들을 하시는데, 근시가 심해지는 이유는 아이가 성장하기 때문입니다. 몸이 커지면서 안구도 커지고 안축이 길어지는 것이지, 안경을 썼다고 해서 길어지는 것이 아닙니다. 그리고 나이가 들면서 공부 시간이 늘어나고 디지털 기기를 볼 기회가 많아지는 것도 근시가 진행되는 데 영향을 줍니다.

눈이 잘 보이지 않으면 아이 입장에서는 생활의 질이 떨어집니다. 공부에 지장이 생길 테고 부상을 입거나 활동량이 줄어드는 일도 있겠지요. 우선 시력에 맞는 안경을 맞춰야 하며 부모가 이유도 없이 안경을 싫어하는 듯한 발언을 삼가야 합니다. 아이의 성장은 눈 깜짝할 새에 이루어지니 안경 도수를 수시로 체크하세요. 렌즈가 뿌예지거나 안경다리가 휘어지는 일이 없도록 관리에도 신경을 써야 합니다.

자녀에게 안경을 맞춰 줬다면 주의해야 할 사항!

- ☐ 한 달 후에 안과에서 도수 체크
- ☐ 한 달에 한 번은 안경점에서 관리
- ☐ 3개월에 한 번은 정기 검사 받기
- ☐ 조심해서 안경 다루기

STOP! 근시

어린이의 눈에 나쁜 것 ❶
공부 또 공부

가까운 곳을 볼 일이 많아지면 근시가 되기 쉽다

'○○는 열심히 공부해서 성적도 좋은데 우리 아이는…….' 이렇게 한탄하는 분들에게 좋은 소식입니다. 자녀분은 근시가 될 가능성이 낮아질 수도 있습니다.

근시의 원인은 명확히 밝혀지지 않았지만, 가까이에 있는 것을 볼 기회가 많아지면 그에 맞게 초점을 맞추기 때문에 안축이 길어질 수도 있습니다. ==공부를 많이 하면 시력이 떨어지는 경향이 있다는 사실을 뒷받침하는 근거도 있습니다. 또한 밖에 자주 나가서 놀지 않으면 근시가 생긴다는 연구 결과도 있습니다.== 공부를 열심히 하는 것도 물론 중요하지만, 적당히 해야 눈에는 더 좋습니다. 부모들은 아이에게 공부만 시키지 말고 꼭 밖에 나가 몸을 움직이도록 마음을 써 주세요.

참고로 '어두운 곳에서 책을 읽으면 눈이 나빠진다.'라는 말도 있는데, 방의 밝기와 시력 저하에는 직접적인 관련이 없습니다. 하지만 어두우면 글씨가 잘 보이지 않아서 눈을 자꾸 가까이 대고 보게 되지요. 그런 행동이 근시의 원인이 될 수 있으리라고 추측할 수 있습니다.

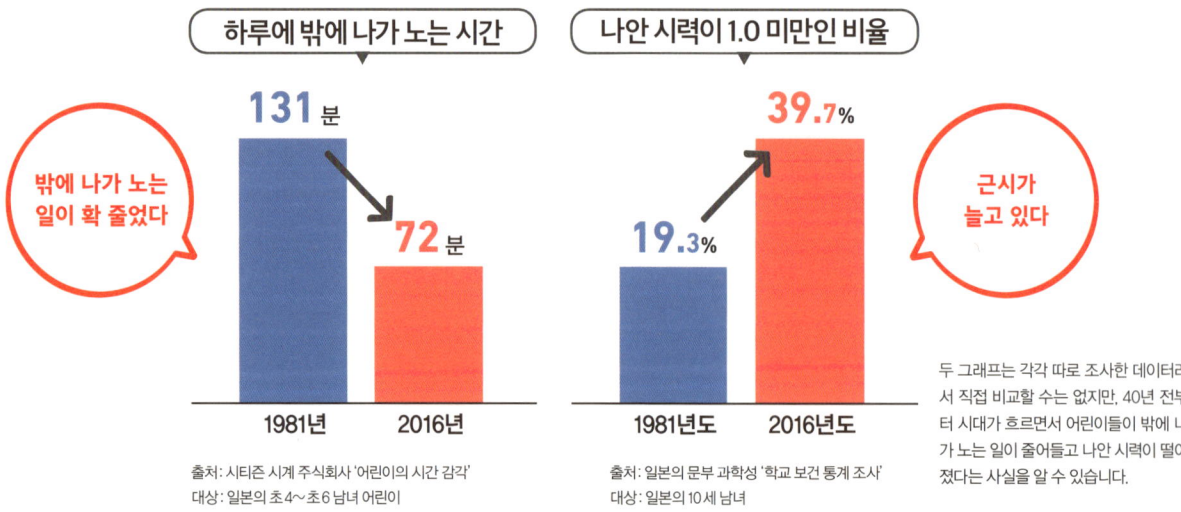

밖에 나가 노는 일이 줄고 ↘ 근시가 늘고 있다 ↗

하루에 밖에 나가 노는 시간
131분 → 72분
(밖에 나가 노는 일이 확 줄었다)
1981년 / 2016년
출처: 시티즌 시계 주식회사 '어린이의 시간 감각'
대상: 일본의 초4~초6 남녀 어린이
(1981년 조사 317명, 2016년 조사 400명)

나안 시력이 1.0 미만인 비율
19.3% → 39.7%
(근시가 늘고 있다)
1981년도 / 2016년도
출처: 일본의 문부 과학성 '학교 보건 통계 조사'
대상: 일본의 10세 남녀

두 그래프는 각각 따로 조사한 데이터라서 직접 비교할 수는 없지만, 40년 전부터 시대가 흐르면서 어린이들이 밖에 나가 노는 일이 줄어들고 나안 시력이 떨어졌다는 사실을 알 수 있습니다.

STOP! 근시 | 어린이의 눈에 나쁜 것 ❷
무제한 디지털 디바이스

30분에 한 번은 눈에 휴식을 주세요

이제는 초등학생도 스마트폰을 당연히 갖고 다니는 세상입니다. 태블릿을 이용한 학습 프로그램도 많아지는 등, 디지털 디바이스와 인연을 끊을 수 없는 시대이지요.

눈의 건강을 유지하기 위해 해외에는 '20-20-20' 법칙이 있습니다. 20분 동안 디지털 화면을 봤다면 20초 동안 20피트(약 6미터) 떨어진 곳을 보는 것입니다. 그게 힘들면 적어도 30분에 한 번은 휴식을 취하세요. 장시간 동안 가까운 곳에 시선이 머무르지 않도록 가끔은 화면에서 눈을 떼고 먼 곳을 바라봅시다.

스마트폰이나 태블릿은 화면의 밝기(조도)와 거리에도 주의해야 합니다. 눈은 화면의 빛을 직접 받아들이기 때문에 밝기는 중~중보다 살짝 아래 정도로 설정하는 것이 좋습니다. 화면과의 거리는 30센티미터 이상을 기준으로 삼으세요. 너무 몰두한 나머지 눈을 바짝 대고 보고 있다면 말을 걸어 고쳐 줘야 합니다.

이제는 우리의 삶과 떼려야 뗄 수 없는 디지털 디바이스이지만, 제한하지 않고 계속 보는 일이 없도록 신경 씁시다.

스마트폰이나 태블릿을 쓸 때 조심해야 할 것

- ☐ 30분에 한 번은 화면에서 눈을 떼고 휴식을 취한다
- ☐ 화면에서 30센티미터 이상 떨어져서 본다
- ☐ 화면이 너무 밝지 않게 조정한다

디지털 디바이스는 장시간 동안 계속 보지 않고 적절한 거리를 유지하는 것이 중요합니다. 너무 강한 빛은 눈을 피곤하게 만드니 밝기는 중 혹은 중보다 조금 낮추도록 하세요.

블루라이트의 영향은?

블루라이트란 에너지가 강한 파란 빛을 말하는데, 햇빛이나 방의 조명에도 포함되어 있습니다. 디지털 디바이스의 화면에서는 블루라이트가 우리 눈으로 직접 들어오는데, 무방비 상태에서 장시간 노출되면 망막과 망막 내 시세포가 손상돼 황반변성으로 이어질 위험이 있습니다.

또한 평소 낮에 햇빛으로부터 받는 블루라이트를 밤에도 보게 되면 몸이 낮으로 인식해 생체 리듬이 깨지기 쉽습니다. 디지털 디바이스의 빛을 장시간 동안 대량으로 쐬지 않도록 조심하세요.

> **STOP!**
> 근시

어린이의 눈에 나쁜 것 ❸
'눈에 좋은 음식'에 집착

편식이 악영향을 미칠 때도 있다

블루베리에 들어 있는 안토시아닌은 눈에 좋다? 틀린 말은 아닙니다. 하지만 안토시아닌이 블루베리에만 들어 있는 것도 아니고, 눈에 좋은 성분이나 영양소는 안토시아닌뿐만이 아닙니다. 항산화 작용이나 점막 보호 작용이 있는 각종 비타민, 신경 전달과 관련된 미네랄, 조직을 만드는 단백질이나 칼슘 등 '눈에 좋은 음식'은 아주 많습니다. 그래서 어떻게 보면 ==음식은 대부분 눈에 좋다고 말할 수 있습니다.==

루테인도 눈에 좋은 영양 성분이라고들 합니다. 확실히 루테인에는 황반변성이나 백내장을 예방하는 효과가 있지요. 그러니 고령자가 루테인이 많이 함유된 시금치 등을 적극적으로 섭취하는 것은 이치에 맞습니다. 하지만 한창 성장기인 어린이는 이러한 병을 굳이 예방할 필요가 없지요.

==‘눈에 좋은 음식’을 과다 섭취해서 다른 음식을 먹지 못하는 등, 특정한 음식에 너무 집착해서 성장기 어린이의 영양이 치우치게 되면 아무런 소용이 없습니다.== 골고루 균형 잡힌 식습관이 어린이의 눈에 매우 중요합니다.

'눈에 좋은 영양소'는 한 가지가 아니다!

눈의 노화를 예방한다
- 루테인
- 단백질 등

눈의 건강을 지킨다
- 비타민A
- 비타민B군
- 비타민C
- 칼슘
- DHA 등

지친 눈을 쉬게 한다
- 비타민B군
- 비타민E
- 안토시아닌
- 아스타잔틴
- 타우린 등

어린이의 눈에 부담을 주는 것들

눈을 누르거나 문지르기

눈은 매우 섬세합니다. 세게 마사지를 하거나 너무 벅벅 문지르면 백내장이나 망막 박리를 일으킬 수가 있어요. 강한 자극을 오래 주지 마세요.

누워서 책 읽기

자세가 좋지 않으면 눈이 금방 지칩니다. 누워서 책을 읽으면 아무래도 눈이 책 쪽으로 가까이 다가가게 되는데, 가까운 곳을 볼 기회가 많아지면 근시가 될 가능성이 높아집니다.

가습을 하지 않고 에어컨 틀기

눈의 표면을 외부 자극으로부터 지키는 것은 눈물뿐입니다. 겉으로 나와 있는 장기이므로 공기가 건조하면 눈이 상처를 입기 쉬워져요. 특히 에어컨은 습도를 떨어뜨리기 때문에 가습기와 같이 틀도록 합시다.

먼지투성이 방

진드기나 집 먼지가 많은 방에서 지내면 알레르기성 결막염이 생길 수 있습니다. 가려워서 긁고, 긁으면 가려워지는 악순환에 빠지게 되지요. 방을 청결하게 유지하세요.

밤샘이나 수면 부족

눈도 몸의 일부이니 적절한 휴식이 필요합니다. 늦은 밤까지 게임을 해서 수면이 부족한 채로 등교하는 일이 없도록 규칙적인 생활 리듬에 신경 쓰세요.

STOP! 근시

어린이의 눈에 좋은 것 ❶
눈의 속근육 단련하기

초점 조절하는 근육을 편안한 상태로

가까운 곳을 볼 일이 많으면 수정체의 두께를 조절하는 모양체근이 긴장해서 근시와 비슷한 상태가 됩니다(가성 근시). 그대로 방치하면 진짜 근시가 된다고 보는 연구자도 있습니다.

집안일이나 생업에 힘을 쏟은 후에 기지개를 켜면 기분이 좋습니다. 바짝 수축되어 있던 근육이 풀리고 혈액 순환도 좋아지지요. 눈도 마찬가지입니다. ==눈의 속근육인 모양체근을 움직여 편안하게 만들어서 원래 활동을 회복시키세요.== 모양체근 스트레칭이라고 할 수 있지요.

방법은 간단합니다. 먼저 2미터 이상 떨어진 곳을 5초 동안 바라봅니다. 다음으로 눈앞 30센티미터 정도 떨어진 곳에 손가락을 세우고 5초 동안 봅니다. 이 동작을 10번 반복하세요. 먼 곳과 가까운 곳을 교대로 보면 모양체근의 긴장이 풀려서 원래대로 활동하도록 되돌려 줄 거예요. 모양체근 스트레칭에 부작용은 없습니다. 하루에 몇 세트를 해도 좋은데, 우선 한 세트씩만 스트레칭하는 습관을 들이세요.

눈의 조정력이 올라간다! 모양체근 스트레칭

목표 하루에 한 세트

30~40센티미터 떨어진 손가락

먼 곳과 가까운 곳을 10번 번갈아 보기

2미터 이상 먼 곳

먼 곳과 가까운 곳에 초점을 확실히 맞추고 5초씩 보세요. 모양체근이 편안해질 거예요.

STOP! 근시

어린이의 눈에 좋은 것 ❷
뇌의 처리 능력 높이기

잘 보이지 않는 것을 보는 훈련

28페이지에서 자세히 설명하겠지만, 시력에는 눈뿐만 아니라 뇌의 작용이 크게 관계합니다. 따라서 시력과 관련된 간단한 뇌 트레이닝을 소개하겠습니다. 이름하여 '시력이 좋아지는 지폐 트레이닝'입니다.

먼저 지폐 한 장을 준비합니다. 이것을 양손에 들고 '비치는 곳'이 확실히 보이도록 높이 드세요. 여기서부터 지폐를 '비치는 곳'이 보일락 말락 한 위치까지 조금씩 내려서 멈춘 다음 10초 동안 봅니다. 그 후에 다시 확실히 보이는 높이까지 올립니다. 아침저녁으로 10번씩 해 보세요. ==각도에 따라 보이지 않는 것을 보려는 시도가 시력과 연관 있는 뇌를 훈련합니다.==

자녀에게 지폐를 들게 하기가 고민된다면 한쪽 면에 글씨가 적힌 종이를 뒤집어서 들고 판독하는 방법으로도 똑같은 효과를 기대할 수 있습니다. 학교에서 나눠 준 프린트도 좋고 직접 글씨를 적은 종이도 좋습니다. 하지만 전단지 등에 쓰이는 광택 있는 반들반들한 종이 말고 복사용지 같은 일반 용지를 쓰는 게 좋습니다.

시력이 좋아지는 지폐 트레이닝

목표 아침저녁 10번씩

10초 유지

지폐를 조금씩 내리면서 '비치는 곳'이 보일락 말락 한 부분에서 멈추고 10초 동안 봅니다.

지폐를 들어 올리고 '비치는 곳'이 잘 보이는 부분에서 멈춥니다.

STOP! 근시

어린이의 눈에 좋은 것 ❸
눈에 자극을 주지 않는 환경 만들기

습도, 조명, 스마트폰에 주의하기

성장기 어린이의 눈을 위해서는 될 수 있는 한 좋은 환경을 갖추어 주고 싶지요. 바로 신경 쓸 수 있는 일은 청결입니다. 진드기나 먼지 때문에 가려워진 눈을 비비면 각막에 상처를 입히게 되고, 알레르기성 결막염에 걸릴 수도 있습니다. 손이나 얼굴을 닦는 세면대의 수건도 수시로 바꿔 주세요. 눈은 건조에 매우 약한 장기이기도 합니다. 방이 건조해지지 않도록 습도에도 신경을 써야 합니다. 특히 에어컨을 쓸 때는 방의 습도가 떨어지기 때문에 더 주의해야 하지요. 이때, 가습기 등으로 가습을 하면서 바람이 얼굴에 직접 닿지 않도록 하세요.

조명은 보기에 편하기만 하다면 밝기는 특별히 신경 쓰지 않아도 좋습니다. 하지만 너무 어두우면 사물을 볼 때 자꾸만 눈을 가까이 갖다 대니 주의해야 합니다. 방의 조명을 직접 보는 일은 거의 없지만, 무방비한 눈에 직접 들어오는 빛이 있습니다. 바로 TV나 스마트폰이나 태블릿 등의 디지털 디바이스입니다. 이런 것들을 아예 안 보고 살 수는 없으니 가능하면 눈에 자극이 적도록 접해야겠지요. '장시간 계속 보지 않기', '30분에 한 번은 화면에서 눈을 떼기', '떨어져서 보기'가 원칙입니다. TV는 화면 세로 길이의 3배를 기준으

눈에 자극이 적은 환경 체크

☐ 방의 조명은 빛의 양이 적절하다

☐ TV는 2~3미터 떨어져서 볼 수 있는 위치에 있다(화면 세로 길이의 3배 정도 떨어져 있다)

☐ 컴퓨터나 태블릿은 눈과의 거리, 높이, 각도에 주의한다

☐ 에어컨 바람은 얼굴에 직접 닿지 않는 위치에 있다

☐ 에어컨을 쓸 때는 가습에 신경 쓰고 있다

☐ 집 안을 청결하게 유지한다

☐ 어린이뿐만 아니라 부모도 눈에 좋은 생활을 하도록 신경 쓰고 있다

거리, 높이, 각도

로, 스마트폰이나 태블릿은 30센티미터 이상 떨어져서 보도록 신경 쓰세요. 화면의 조도는 눈이 지치지 않도록 중~중보다 살짝 아래 정도의 밝기로 맞춰 두면 좋습니다. 컴퓨터는 모니터를 과하게 위나 아래에서 보지 않고 수평에 가까운 각도에서 보도록 하세요. 그리고 <mark>꼭 아이들에게만 '눈에 자극이 적은 생활'을 시키려고 하지 마세요.</mark> 규칙적인 생활 리듬에 따라 쾌적하게 생활하며 디지털 디바이스를 적절히 사용하는 부모의 모습을 보고 아이들도 따라서 눈을 소중히 다루게 될 테니까요.

피로한 눈의 긴장을 풀자

마지막으로 눈의 건강에 작은 조언을 하나 더 드리겠습니다. 눈이 피곤할 때 여러분은 차갑게 하나요? 따뜻하게 하나요? 따뜻하게 하는 것이 정답입니다. 어딘가에 부딪혔을 때는 차갑게 식혀 염증을 가라앉히지만, 눈을 많이 써서 피곤할 때는 따뜻하게 덥혀 주세요. 따뜻하게 덥히면 근육의 긴장이 풀리고 혈액 순환이 좋아져 피로가 개선됩니다. 따뜻한 수건이나 시중에 파는 제품을 사용해도 좋고, 손바닥을 맞대고 비벼서 따뜻하게 하여 눈에 갖다 대기만 해도 효과가 있습니다.

눈이 지치면 따뜻하게 하기!

양손으로

양손을 10번 정도 비벼서 따뜻하게 덥힙니다. 그 손을 살짝 오므려서 감은 눈에 가볍게 갖다 댑니다. 30초~1분 정도 그 상태를 유지합니다.

수건을 써서

젖은 수건을 전자레인지에 40초 정도 돌립니다. 화상을 입지 않도록 뜨겁지 않은지 확인하고 일회용 비닐봉지에 넣어 눈 위에 올리세요. 식기 전에 내립니다.

어린이의 눈
어떻게 할까? 왜 그럴까?
Q & A

Q 소아 안과와 일반 안과는 무엇이 다른가요?

A 10세 전후까지의 아이를 전문적으로 보는 곳이 소아 안과입니다.
보는 기능이 발달하고 있는 아이의 눈을 보는 곳이 소아 안과입니다. 눈이 성장 중인 10세 전후까지의 원시, 난시, 사시, 약시 등에 관해 전문 지식을 갖고 진료하지요.

Q 소아 안과와 일반 안과, 어느 곳을 선택해야 할까요?

A 많지 않은 소아 안과. 증상이 얼마나 심각한지에 따라 결정하세요.
근시나 결막염 등은 일반 안과 쪽이 더 나을 수 있습니다. 근시는 최신 기술로 치료를 하는 곳도 있으니 그러한 치료를 적극적으로 받고 싶다면 인터넷으로 검색해 보세요. 선천성 질환이나 원시, 사시, 약시 등의 경우는 소아 안과로 가세요.

Q 안약을 사용하는 올바른 방법이 있다는데 정말인가요?

A 눈을 깜박거리면 약의 효과가 약해져요.
안약을 떨어뜨린 후에 눈을 비비거나 깜박거리면 안 돼요. 약이 눈물 때문에 연해집니다. 안약을 떨어뜨린 후에는 한동안 가만히 눈을 감으세요. 약이 비루관을 통해 코로 흘러가지 않도록 콧대를 가볍게 눌러 주면 좋습니다.

Q 아이가 안경 쓰기를 거부해요.

A 안경이 맞지 않을 가능성도 있습니다.
먼저 어른이 안경을 싫어하는 모습을 보이지 말 것. 실망하는 마음이 아이에게 그대로 전해집니다. 그리고 안경이 잘 맞는지 확인할 것. 도수가 맞지 않거나 얼굴에 잘 맞지 않는다는 이유로 거부할 수도 있어요.

Q 아이가 콘택트렌즈를 써도 될까요?

A 올바른 관리가 필요하므로 중학생 정도부터가 적당합니다.
콘택트렌즈는 '고도 관리 의료 기기'입니다. 잘못 사용했다간 감염증 등 눈의 트러블로 이어지지요. 위생적으로 관리해야 하며 끼는 시간을 지키는 등 주의가 필요합니다. 나이 제한은 없지만 중학생 정도부터 사용하는 것이 적당하겠습니다.

Q 근시의 경우, 신경 써야 할 눈의 트러블이 또 있을까요?

A 강도의 근시가 되지 않도록 눈에 자극을 주지 않는 생활에 신경 쓴다.
약시를 조기에 발견하기 위해 안경을 쓰고 1.0 이상의 시력이 나오는지 확인하세요. 또한 강도 근시는 장래에 백내장이나 녹내장, 망막박리 등으로 악화될 가능성이 커집니다. 가능하면 눈에 자극이 적은 생활을 하도록 신경 쓰세요.

Q 눈을 강하게 부딪혔습니다. 병원에 가야 할까요?

A 이상이 없어 보여도 진찰은 받아 보는 것이 좋습니다.
어린이들은 상황을 잘 설명하지 못할 때가 있으니 한 번은 진찰을 받아 보는 것을 추천합니다.
다음과 같은 증상이 있으면 꼭 진찰을 받으세요.
- 한쪽 눈이 잘 보이지 않는다.
- 눈을 상하좌우와 대각선으로 움직이면 통증이 강해진다.
- 양쪽 눈으로 보면 이중으로 보인다.

Q 어두운 곳에서 책을 읽는데요…….

A 책과 적절한 거리를 유지할 수 있을 정도로 밝게 하세요.
어두운 곳에서 책을 읽었다고 해서 근시가 되는 것은 아닙니다. 주변이 어두우면 사물이 잘 보이지 않기 때문에 눈을 가까이 대고 읽게 되지요. 이렇게 사물과 눈의 거리를 짧게 두는 행동이 눈을 나쁘게 만듭니다. 책과 30센티미터 정도 떨어졌을 때 편하게 보이는 밝기로 조정하세요.

| 가보르 아이란? |

시력 개선을 목표로 뇌 훈련하기

눈은 외부에서 정보를 받는 창구

소위 말하는 '눈이 좋다'라는 것은 어떤 뜻일까요? 먼저 '눈의 기능이 양호하다'라는 점을 생각할 수 있습니다. 모양체근, 수정체, 망막 등 눈을 구성하는 각 부위에 문제가 없으면 앞이 잘 보일 겁니다.

하지만 사실 사물은 눈의 활동만으로 보이는 것이 아닙니다. 눈은 서류를 받는 창구와 같습니다. 모처럼 받은 서류를 그대로 방치하거나 잘못된 담당자에게 전달해서는 의미가 없습니다. 눈이 받은 정보는 뇌의 시각야에 전달되고, 거기서 바르게 처리되었을 때 비로소 보입니다. 눈의 기능에 문제가 없어도, 예를 들어 뇌경색을 일으켜 뇌에 이상이 생기면 시력이 떨어질 가능성이 있습니다.

따라서 잘 보이려면 눈과 뇌의 기능이 모두 중요합니다. 둘 중 하나라도 문제가 생기면 똑바로 보기가 어려워집니다.

눈뿐만 아니라 뇌로도 보고 있어요

사물을 보려면 눈과 뇌의 기능이 모두 중요합니다. 눈이 받은 정보를 뇌가 인식해서 보니까요.

아기는 다양한 자극을 받으며 발달합니다. 예를 들어 주변의 소리를 듣고 그것을 특정한 사물과 연결할 줄 알게 되면서 말을 할 수 있게 됩니다. 소리가 없는 곳에서 자라면 말을 할 수가 없지요.

시력도 마찬가지로 '보인다'라는 체험을 많이 하지 않으면 제대로 보이지 않습니다. 강한 원시 때문에 주위가 항상 흐릿하게 보여 시력을 담당하는 부위에 자극을 주지 않으면 뇌는 '보는 행위'를 학습하지 못합니다. 그런 시기가 계속되면 안경을 써도 시력이 잘 오르지 않을 수 있습니다. 이것이 약시입니다. 발달기에 흐릿한 화면만 계속 보낸 바람에 뇌가 화면 정보 처리 기능을 키우지 못한 것이지요.

뇌가 보는 부위를 자극하는 '가보르 아이'

이처럼 잘 보이는 것과 뇌 사이에는 깊은 관계가 있습니다. 따라서 시력 개선을 기대한다면 눈 자체가 아니라 뇌를 자극하는 접근도 있습니다. 이 뇌를 훈련하는 시력 개선법이 이제부터 소개할 '가보르 아이'입니다. 단, 원시 등 눈에 근시 이외의 문제가 있는 아이들에게는 의학적 치료가 필요합니다. 건강 검진에서 문제를 지적받았다면 꼭 적절한 치료를 받으세요.

시각은 태어난 직후부터 발달하기 시작한다

뇌는 부위에 따라 맡은 역할이 다른데, 기본적으로 뒤쪽에서 앞쪽을 향해 발달합니다. 시각을 담당하는 부분은 후두부에 있으며 태어난 직후부터 발달하기 시작합니다.

가보르 아이란?

세계에서 유일하게 과학적으로 증명된 방법
'가보르 아이'

가보르 패치가 시각야를 자극한다

세상에는 다양한 시력 개선법이 있습니다. 눈 마사지, 안구 운동, 급소 누르기……. 대부분은 눈 자체의 기능을 개선시키려는 것입니다. 이 책에서 소개하는 가보르 아이는 눈의 기능이 아니라 뇌의 처리 능력을 향상시키는 것입니다. 뇌가 활동하게 만드는 시력 회복법으로서는 세계에서 유일하게 과학적으로 그 효과가 증명되었습니다.

가보르 아이에서 사용하는 '가보르 패치'는 노벨 물리학상 수상자이기도 한 D. 가보르 박사(Dennis Gabor, 1900~1979)가 만들어 낸 특수한 줄무늬를 말합니다. 가보르 패치를 보면 뇌의 시각야가 자극되어 시력을 보충하는 힘이 좋아진다는 사실이 밝혀졌지요. 캘리포니아대학이나 캔자스대학에서 가보르 패치를 보면 시력이 평균 0.2 정도 올라간다는 사실이 입증되었고, 2017년에는 뉴욕 타임즈에서도 소개되었습니다. 이 책의 저자는 가보르 패치를 신나게 즐기면서 보는 방법이 없을까 고민했습니다. 그렇게 해서 퍼즐 요소를 도입한 '가보르 아이(Gabor eye)'가 탄생했지요.

이것이 '가보르 패치'

D. 가보르 박사는 영국의 물리학자. 홀로그래피 발명으로 노벨 물리학상을 받았습니다. 박사가 고안한 흑백 줄무늬가 가보르 패치입니다.

하루 3분, 가보르 패치를 보기만 하면 끝

가보르 아이 방법은 간단합니다. 가보르 패치 보기. 그게 끝입니다. 하루에 여러 번 해도 좋고 가끔은 쉬는 날이 있어도 상관없습니다. 하루에 한 번, 3~10분 정도를 권장합니다. 가능하면 첫 2주 동안은 매일 빠짐없이 하세요.

집중해서 보는 것이 중요하기 때문에 이 책에서는 같은 모양 찾기, 다른 모양 찾기 등 아이들이 싫증 내지 않고 집중할 수 있도록 구성했습니다. 흑백만이 효과가 입증되었기 때문에 가보르 패치는 모두 흑백입니다.

근시 어린이 말고는 사용하지 않기!

자세한 방법이나 궁금한 점은 다음 페이지에 나오는 Q&A 답변을 참조하세요. 하지만 어린이들이 하기 전에 확실히 이해하고 넘어가야 할 사항이 있습니다. 가보르 아이는 근시를 개선하고 싶은 아이들이나 근시를 예방하고 싶은 아이들을 위한 것입니다.

원시, 사시, 약시는 무엇보다 의학적 치료가 필요합니다. 또한 어린이들은 단순한 근시가 아니라 다른 질병이 숨어 있을 때도 있습니다. '가보르 아이를 하고 있는데, 뭐.'라며 적절한 치료를 하지 않고 시기를 놓쳐서는 안 됩니다. 근시 말고 다른 문제가 없다는 사실을 확인하고 난 뒤 해 보세요.

같은 가보르 패치 찾기

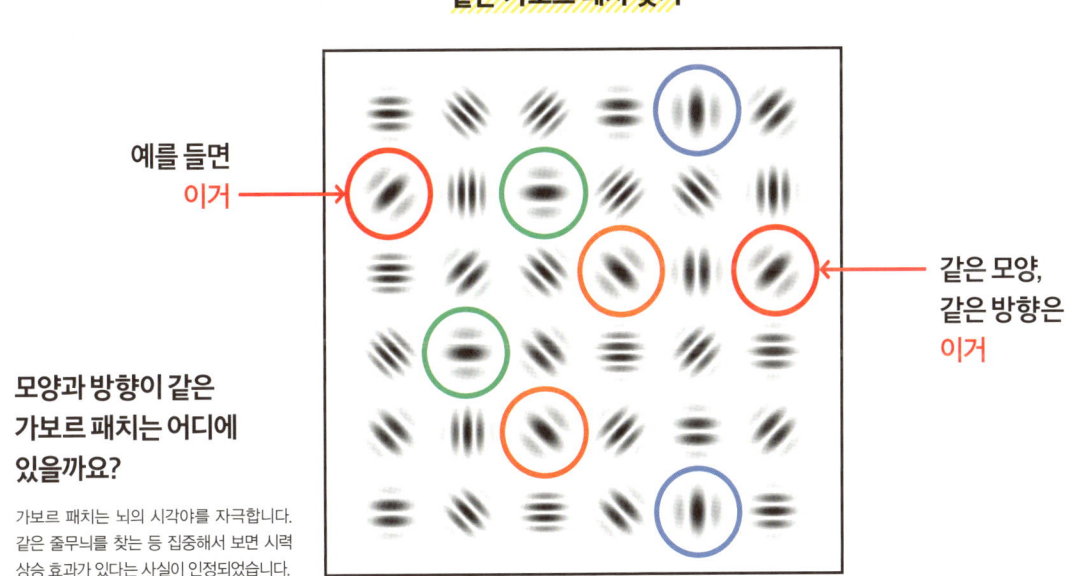

가보르 아이

이것이 궁금하다!

Q 하루에 몇 번, 한 번에 몇 분 정도 하면 될까요?

A 매일 3~10분이 적당합니다. 시간은 아무 때나 해도 좋습니다.

하루에 한 번, 할 때마다 3~10분을 기준으로 잡으세요. 가보르 아이를 할 때 시간대는 상관없습니다. 언제 해도 효과는 같으니 아침에 일어났을 때, 목욕하기 전 등 매일 습관처럼 하면 좋습니다.

Q 너무 많이 하면 안 좋나요?

A 문제는 없지만 피곤할 때는 무리하지 마세요.

가보르 아이는 하루에 한 번, 할 때마다 3~10분을 기준으로 삼는데, 더 자주 한다고 해서 눈에 나쁜 영향을 주는 일은 없습니다. 하지만 피곤한데 무리하게 하지는 마세요. 컨디션이 좋지 않을 때는 빨리 끝내도록 합시다.

Q 어느 정도 해야 효과가 나타날까요?

A 효과를 느끼려면 먼저 14일 동안 계속해 보세요.

14일을 기준으로 잡으세요. 먼저 2주 동안 가보르 아이를 꾸준히 해 보는 겁니다. 그즈음부터 '약간 다르게 보이기 시작했다.'라는 의견을 많이 받았습니다. 1개월이 지날 즈음부터 효과를 실감한 분들도 많으니 2주 동안 했다면 그다음은 한 달을 목표로 하세요.

Q 꾸준히 하지 않으면 효과가 사라지나요?

A 가끔 쉬거나 중단해도 효과는 지속됩니다.

매일 꾸준히 하는 것이 기본이지만, 가끔 쉬어도 괜찮습니다. 꾸준히 하지 않는다고 해서 효과가 바로 사라지는 것은 아니지만, 시력 개선 효과를 본 후에도 가능하면 일주일에 2~3번은 가보르 아이를 하는 것이 가장 좋습니다.

Q 가보르 아이를 하면 안 되는 사람도 있나요?

A 눈에 질병이나 이상이 없는지 확인하세요.

어린이들이나 노인들도 할 수 있고 근시나 어른 원시, 노안, 난시 등에 효과를 기대할 수 있습니다. 그러나 어린이 원시나 사시, 약시에는 의학적 치료가 필요합니다. 시작하기 전에 눈의 트러블이 없는지 먼저 확인하세요.

Q 가보르 아이를 해도 효과가 나타나지 않는 사람이 있나요?

A 근시가 매우 강한 사람에게는 효과가 잘 나타나지 않아요.

시력이 0.1 이하처럼 강한 근시인 분들은 그만큼 평소부터 뇌의 처리 능력을 쓰고 있습니다. 아쉽지만 가보르 아이의 효과가 나타나기 어렵지요. 하지만 눈의 휴식과 스트레칭을 목적으로 지속하는 것은 좋습니다.

Q 가보르 아이를 지속했더니 눈에 익숙해졌어요.

A 정답을 맞히는 것이 아니라 가보르 패치를 보는 것이 중요합니다.

문제를 반복해서 봤더니 가보르 패치의 배치를 외워 버리는 경우가 있습니다. 그래도 효과가 약해지는 것은 아닙니다. 문제의 정답을 맞히는 것이 중요한 게 아니라, 가보르 패치를 보는 것 자체가 시력 개선으로 이어지기 때문이지요.

Q 안경을 쓴 채로 해도 되나요?

A 안경이나 콘택트렌즈를 끼고 잘 보이는 상태에서 하세요.

안경을 낀 채로 가보르 아이를 해도 기대할 수 있는 시력 개선 효과에 변함은 없습니다. 꼭 잘 보이는 상태에서 해 보세요. 안경 말고 콘택트렌즈를 낀 상태에서 해도 문제는 없습니다.

어린이 페이지 시작합니다!

시력이 0.1이라 안경을 썼어요.
여러분이 눈을 소중히 다루길
바라는 마음에서
이 책을 썼답니다!

| 이제부터 등장할 친구들 |

 **금이**

- 금붕어 초등학교 1학년
- 공부와 청소를 싫어하는 이유가 눈 때문이라고 생각한다.
- 장래 희망은 우주 비행사

 **린이**

- 기린 초등학교 3학년
- 똑 부러지는 아이지만 반에서 최고로 건망증이 심하다.
- 장래 희망은 만화가

 **박사** (본명 히라마쓰 루이)

- 안과의사 (눈을 치료하는 의사 선생님)
- 린이와 금이가 '박사'라 부르며 잘 따른다.
- 눈 이야기만 하면 열을 올린다.

이 책의 사용법

다음 페이지부터 매일 한 문제씩 가보르 아이의 과제와 눈의 지식이 깊어지는 즐거운 퀴즈가 출제됩니다. '가보르 패치를 집중해서 보기'가 목적이므로 정답에 연연할 필요는 없습니다. 같은 모양을 찾거나 다른 모양을 찾는 등 매주 다른 테마가 나오니 자녀분들과 같이 즐겁게 시력 상승을 위해 달려 볼까요?

가보르 아이 과제에 도전하자

- 한 번 할 때마다 3~10분을 기준으로 하세요.
- 분량은 28일 치가 있지만, 쉬는 날이 있어도 괜찮습니다.
- 같은 과제를 반복해도 괜찮습니다.
- 과제를 다 풀었으면 다시 1일 차로 돌아가도 좋습니다.
  일주일에 2~3번, 가보르 패치 보는 습관을 들이면 최고지요.
- 어린이용 가보르 아이는 근시 예방이나 개선을 위한 것입니다.
  치료가 필요한 눈의 질병이나 트러블에는 사용하지 마세요.

어린이용 가보르 아이를 시작하기 전에

CHECK!

- ☐ 근시를 예방하거나 개선하고 싶다
- ☐ 원시가 아니다
- ☐ 사시가 아니다
- ☐ 약시가 아니다
- ☐ 눈의 통증이나 가려움이나 부기 등이 없다
- ☐ 시력이 뚝 떨어졌거나 빛을 보면 눈이 부시는 등 신경 쓰이는 증상이 없다
- ☐ 피로나 감기 증상 등이 없고 컨디션이 좋다

자세가 안 좋아, 눈을 바짝 대니까

 자세나 눈 때문에 부모님께 혼이 나는 이유는 뭘까요?

 바로 평생 사용할 눈을 소중히 여기길 바라기 때문이에요!

1 가보르 아이를 해 보세요!

많은 줄무늬 중에서 모양과 방향이 같은 것을 찾아보세요.

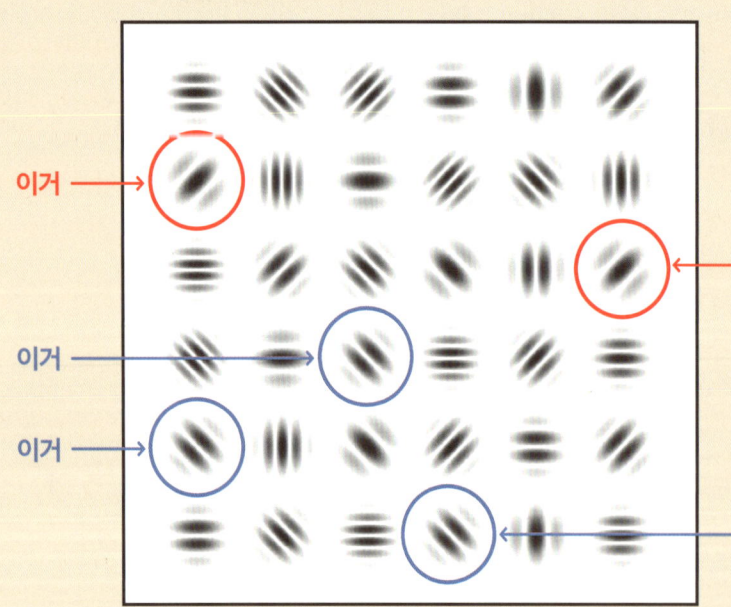

이거

이것과 같은 모양, 같은 방향은 어디 있을까?

이거

이거

이것과 같은 모양, 같은 방향은 어디 있을까?

- 38 ~ 51페이지 ▶ 첫째 주 : 친구 모으기
- 52 ~ 65페이지 ▶ 둘째 주 : 다른 모양 찾기
- 66 ~ 79페이지 ▶ 셋째 주 : 친구 모으기
- 80 ~ 93페이지 ▶ 넷째 주 : 미로
- 94 ~ 95페이지 ▶ 어려운 문제

눈은 책에서 30센티미터 정도 떨어져서 보세요!

이 책의 사용법

하루에 3분, 되도록 매일 꾸준히 하세요!

꾸준히 하면 '보는 힘'이 단련되어 시력이 좋아진다고 과학적으로 증명된 방법이에요.

★ 공부하고 나서, 혹은 자기 전 등 시간을 정해 두면 꾸준히 하기가 쉬워져요.
★ 피곤할 때 또는 눈이나 머리가 아플 때는 무리하지 않도록 해요.
★ 한 달 동안 열심히 했다면 다음 달에도 다시 첫째 주로 돌아가 가보르 아이를 하세요.
 (보는 것이 중요하니 좋아하는 페이지만 해도 좋아요)

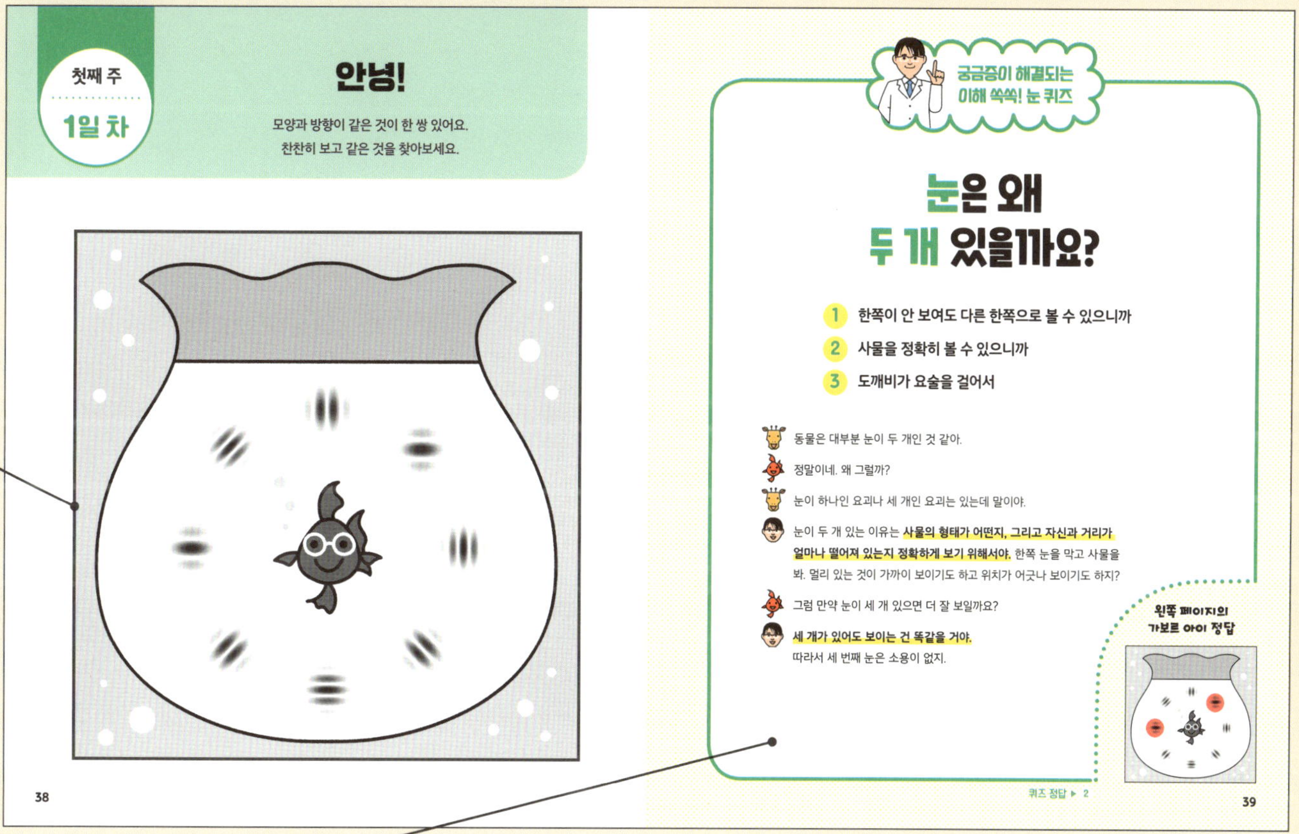

첫째 주 1일 차

안녕!
모양과 방향이 같은 것이 한 쌍 있어요.
찬찬히 보고 같은 것을 찾아보세요.

궁금증이 해결되는 이해 쏙쏙! 눈 퀴즈

눈은 왜 두 개 있을까요?

1. 한쪽이 안 보여도 다른 한쪽으로 볼 수 있으니까
2. 사물을 정확히 볼 수 있으니까
3. 도깨비가 요술을 걸어서

— 동물은 대부분 눈이 두 개인 것 같아.
— 정말이네. 왜 그럴까?
— 눈이 하나인 요괴나 세 개인 요괴는 있는데 말이야.
— 눈이 두 개 있는 이유는 **사물의 형태가 어떤지, 그리고 자신과 거리가 얼마나 떨어져 있는지 정확하게 보기 위해서야.** 한쪽 눈을 막고 사물을 봐. 멀리 있는 것이 가까이 보이기도 하고 위치가 어긋나 보이기도 하지?
— 그럼 만약 눈이 세 개 있으면 더 잘 보일까요?
— 세 개가 있어도 보이는 건 **똑같을 거야.** 따라서 세 번째 눈은 소용이 없지.

왼쪽 페이지의 가보르 아이 정답

퀴즈 정답 ▶ 2

2 퀴즈를 맞혀 보세요!

눈에 관련된 퀴즈예요.
지식을 얻었다면 부모님께도 문제를 내 보세요.

첫째 주

1일 차

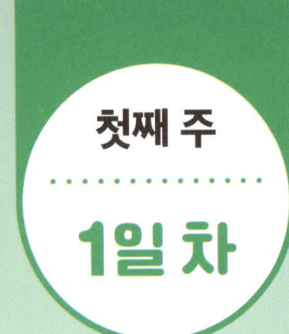

안녕!

모양과 방향이 같은 것이 한 쌍 있어요.
찬찬히 보고 같은 것을 찾아보세요.

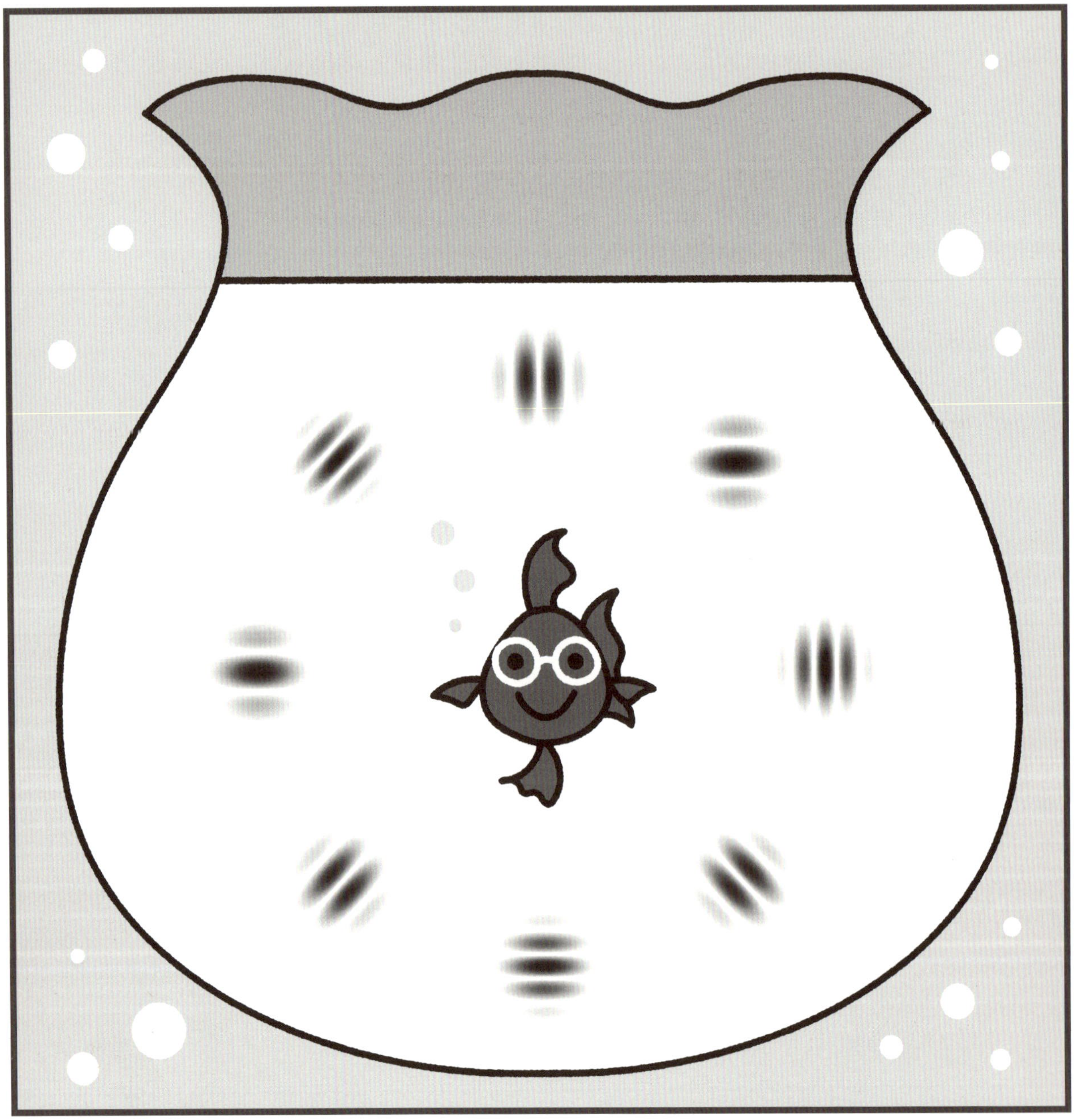

눈은 왜 두 개 있을까요?

1. 한쪽이 안 보여도 다른 한쪽으로 볼 수 있으니까
2. 사물을 정확히 볼 수 있으니까
3. 도깨비가 요술을 걸어서

 동물은 대부분 눈이 두 개인 것 같아.

 정말이네. 왜 그럴까?

 눈이 하나인 요괴나 세 개인 요괴는 있는데 말이야.

 눈이 두 개 있는 이유는 **사물의 형태가 어떤지, 그리고 자신과 거리가 얼마나 떨어져 있는지 정확하게 보기 위해서야.** 한쪽 눈을 막고 사물을 봐. 멀리 있는 것이 가까이 보이기도 하고 위치가 어긋나 보이기도 하지?

 그럼 만약 눈이 세 개 있으면 더 잘 보일까요?

 세 개가 있어도 보이는 건 똑같을 거야.
따라서 세 번째 눈은 소용이 없지.

왼쪽 페이지의 가보르 아이 정답

퀴즈 정답 ▶ 2

첫째 주

2일 차

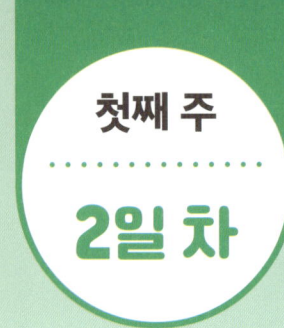

아기 기린이다!

모양과 방향이 같은 것이 두 쌍 있어요.
찬찬히 보고 같은 것을 찾아보세요.

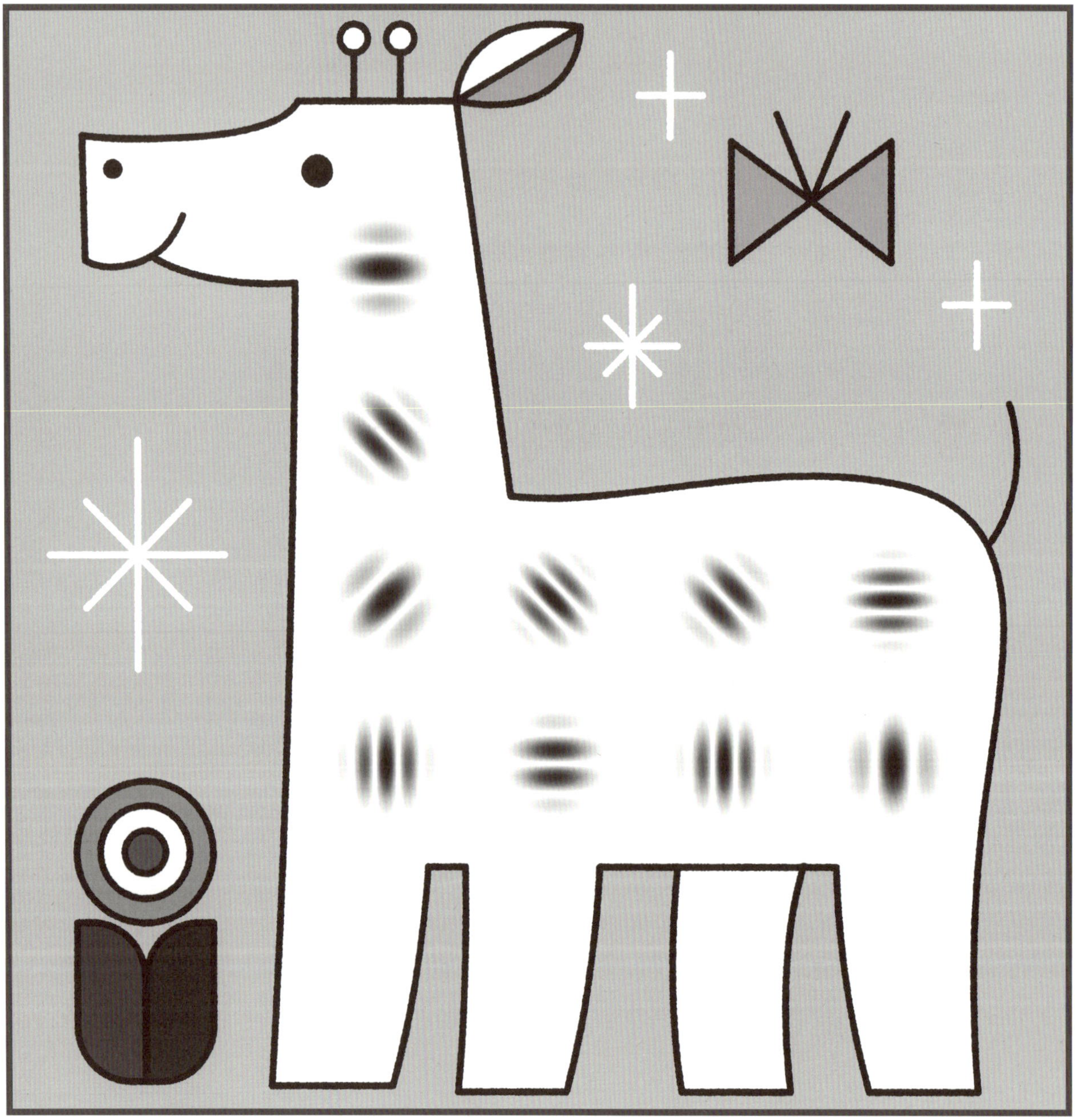

궁금증이 해결되는
이해 쏙쏙! 눈 퀴즈

아기는 눈이 나쁘다는 말이 사실일까요?

1. 사실 (아기는 눈이 거의 보이지 않는다)
2. 거짓 (아기도 초등학생과 비슷하게 보인다)
3. 아기의 시력은 알 수 없다

 아기의 눈이 잘 보이지 않는다는 말은 사실이야.
갓 태어난 아기의 시력은 0.01 정도야.
0.01이면 어느 정도 보이는 걸까?
밝고 어두운 걸 구분할 수 있고 30센티미터 앞에 떨어진 물체가 흐릿하게
보이는 정도야. 색깔도 잘 구별할 수가 없대.
시력이 좋아지려면 '보는 연습'을 해야 돼.
멈춰 있는 것, 움직이는 것, 사람이나 동물의 얼굴 등
여러 가지 물체를 보고 연습하면서 아기의 눈은 조금씩 좋아지는 거야.
그렇게 조금씩 좋아져서 세 살 때쯤에는 시력이 1.0 정도가 되지.

왼쪽 페이지의
가보르 아이 정답

퀴즈 정답 ▶ 1

사다리 타기가 아니야!

모양과 방향이 같은 것이 세 쌍 있어요.
찬찬히 보고 같은 것을 찾아보세요.

첫째 주 3일 차

궁금증이 해결되는 이해 쏙쏙! 눈 퀴즈

부모님의 눈이 나쁘면 아이의 눈도 나쁠까요?

1. 나쁘다
2. 나쁘지 않다
3. 나쁜 경우가 많다

 우리 아버지와 어머니는 눈이 안 좋으셔. 그래서 내 눈도 어쩔 수 없이 나빠지고 있는 것 같아.

 나는 키다리잖아. 그건 우리 가족 키가 모두 커서 그럴까?

 몸의 특징 등이 부모에서 아이로 전해지는 것을 '유전'이라고 해. 예를 들어 키는 유전이 많아. **근시(눈이 나쁜 것)도 유전이 되지만 키만큼 영향이 강하지는 않아.** 아버지나 어머니가 근시라고 해서 아이도 꼭 근시가 되라는 법은 없어.

 정말이요? 전 근시가 안 될 수도 있다는 건가요?

 눈을 소중히 다루고 신경 쓰면 그럴 수도 있지.

 그렇구나! 눈 관리를 잘해야겠어요!

왼쪽 페이지의 가보르 아이 정답

퀴즈 정답 ▶ 3

첫째 주 4일 차

기구를 타고 먼 곳을 보자!

좋아하는 모양을 하나 골라서 모양과 방향이 같은 것을 찾아봐요.
다른 모양으로도 도전해 보세요.

눈이 나쁘면 될 수 없는 직업은?

1. 경마 기수
2. 프로 복서
3. 테니스 선수

 내 장래 희망은 우주 비행사야. 우주선을 타고 우주 여행을 하는 게 꿈이거든!

 그럼 눈을 아껴야지! **우주 비행사가 되려면 시력이 1.0 이상**이어야 한대.

 아하! 눈이 나쁘면 안 되는구나.

 비행기 조종사나 객실 승무원도 시력이 좋아야 해. **경찰관, 소방사, 간호사, 전철 운전사**에게도 시력 조건이 있대.

 사람의 목숨을 책임지는 직업이라 눈이 잘 안 보이면 안 되는구나.

 경마 기수, 보트 경주 선수나 자동차 경주 선수도. 과격하게 움직이는 레이스 중에는 안경을 쓸 수 없으니까 시력이 좋아야 해.

왼쪽 페이지의 가보르 아이 정답

퀴즈 정답 ▶ 1

첫째 주

5일 차

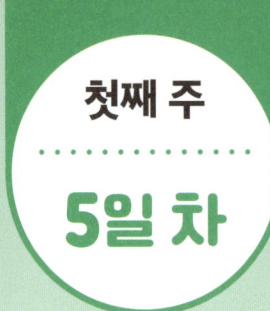

시력 검사에 모양이 있어!

좋아하는 모양을 하나 골라서 모양과 방향이 같은 것을 찾아봐요.
크기는 달라도 좋습니다. 다른 모양으로도 도전해 보세요.

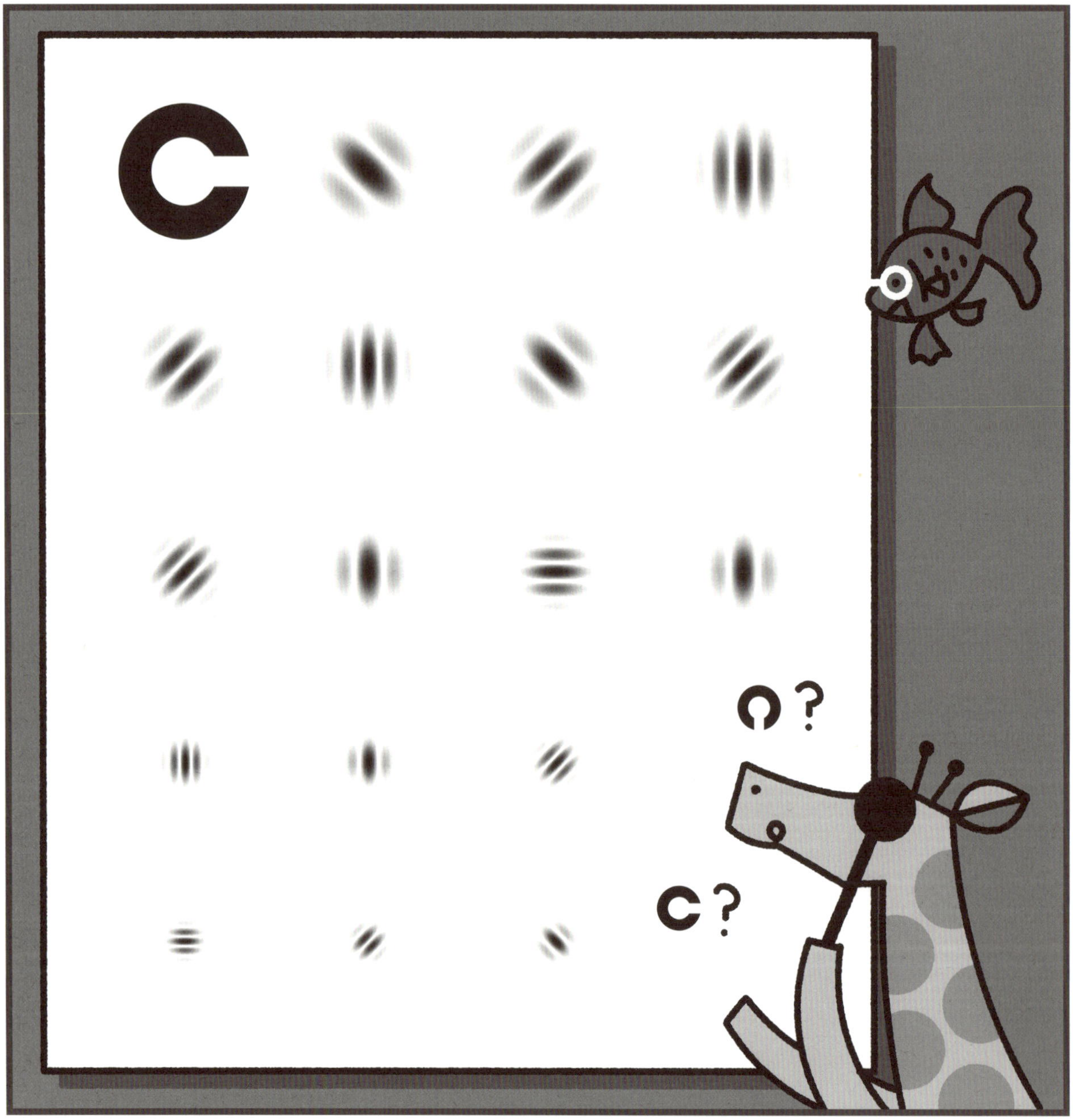

시력 검사를 할 때 보는 'C' 모양은 뭘까요?

1. 시력을 측정하는 세계 공통 표준
2. 알파벳 C
3. 한쪽을 베어 먹은 도넛

 'C' 모양은 알파벳 C처럼 보이지만 영어와는 전혀 관련이 없어.
이건 **전 세계에서 시력을 검사할 때 쓰는 표준이야.**
이 신기한 기호는 '란돌트 고리' 라고 불러.
왜 이런 이름으로 불리게 되었을까?
이 'C' 모양을 발명한 사람이 스위스의 에드먼드 란돌트라는 안과 의사였기 때문이야.
란돌트 의사는 1926년에 세상을 떠났어.
그로부터 100년 가까이 지났지만 지금도 전 세계에서 란돌트 고리는
시력을 측정하는 기호로 사용되고 있어.
그만큼 훌륭한 발명이었다는 거지.

왼쪽 페이지의 가보르 아이 정답

퀴즈 정답 ▶ 1

첫째 주

6일 차

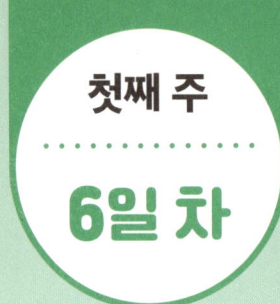

뇌 속을 들여다보자!

좋아하는 모양을 하나 골라서 모양과 방향이 같은 것을 찾아봐요.
다른 모양으로도 도전해 보세요.

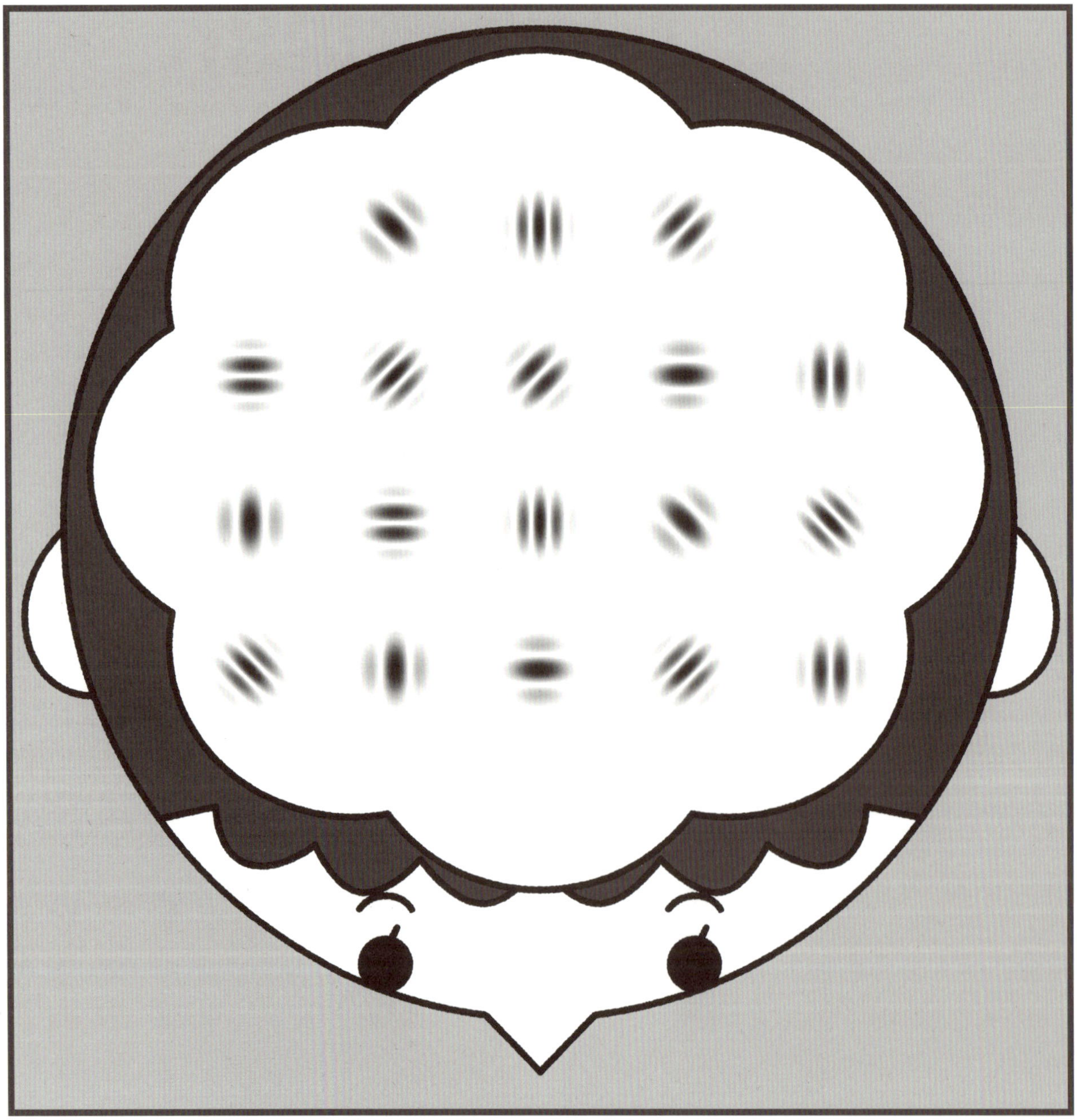

궁금증이 해결되는
이해 쏙쏙! 눈 퀴즈

시력과 뇌는 관계가 있을까요?

1 있다

2 없다

3 어렸을 때만 관계가 있다

 시력은 좋기도 하고 나쁘기도 한데 이유가 뭐예요?

 하나는 눈 그 자체의 형태 때문이야. 눈알의 크기(앞에서 뒤까지의 거리)나 눈 주변에 있는 근육의 세기 등에 따라 달리 보이거든. 또 다른 하나는 뇌의 활동 때문이야.

 어머, 눈이 나쁘다는 건 머리가 나쁘다는 건가요?

 그건 아니니까 안심해. **사물은 눈이 얻어 낸 정보를 뇌가 '이런 거야'라고 판단하기 때문에 보이는 거야.**
그래서 뇌로 판단하는 훈련을 많이 하면 눈도 잘 보이게 돼. 어른도 아이도 마찬가지지.

 어우, 놀랐네! 한자 시험 때 답을 못 쓴 게 눈이 나빠서 그런 건 줄 알았어요.

왼쪽 페이지의
가보르 아이 정답

퀴즈 정답 ▶ 1

먼 하늘을 올려다봐!

첫째 주
7일 차

좋아하는 모양을 하나 골라서 모양과 방향이 같은 것을 찾아봐요.
다른 모양으로도 도전해 보세요.

궁금증이 해결되는
이해 쏙쏙! 눈 퀴즈

원시는
먼 곳이 잘 보이는 건가요?

1 먼 곳이 잘 보인다

2 가까운 곳도 먼 곳도 잘 안 보인다

3 물체가 일그러지거나 이중으로 보인다

 나 칠판 글씨가 잘 안 보여. 근시인가?

 근시는 먼 곳이 잘 안 보이는 거야.

 원시라는 것도 있잖아. 그건 먼 곳이 잘 보이고 가까운 곳이 잘 안 보이는 거지?

 원시는 가까운 곳도 먼 곳도 초점이 잘 맞지 않아서 거리에 상관없이 사물이 흐릿하게 보이는 상태를 말해.* 근시의 반대말이라고 생각하는 사람이 많아서 오해하기 쉬워.

 다른 친구는 '난시'라고 하던데 난시는 뭐예요?

 사물이 일그러지거나 이중으로 보이는 거야.
근시와 난시가 모두 일어날 때도 자주 있어.

* 가벼운 원시의 경우, '먼 곳이 잘 보이고 가까운 곳은 잘 보이지 않는 상태'가
  될 때도 있어요.

왼쪽 페이지의
가보르 아이 정답

퀴즈 정답 ▶ 2

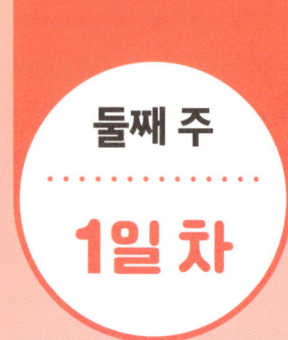

기린은 먼 곳이 잘 보인다!

두 그림 중에 다른 모양이 3군데 있어요. 찾아보세요.

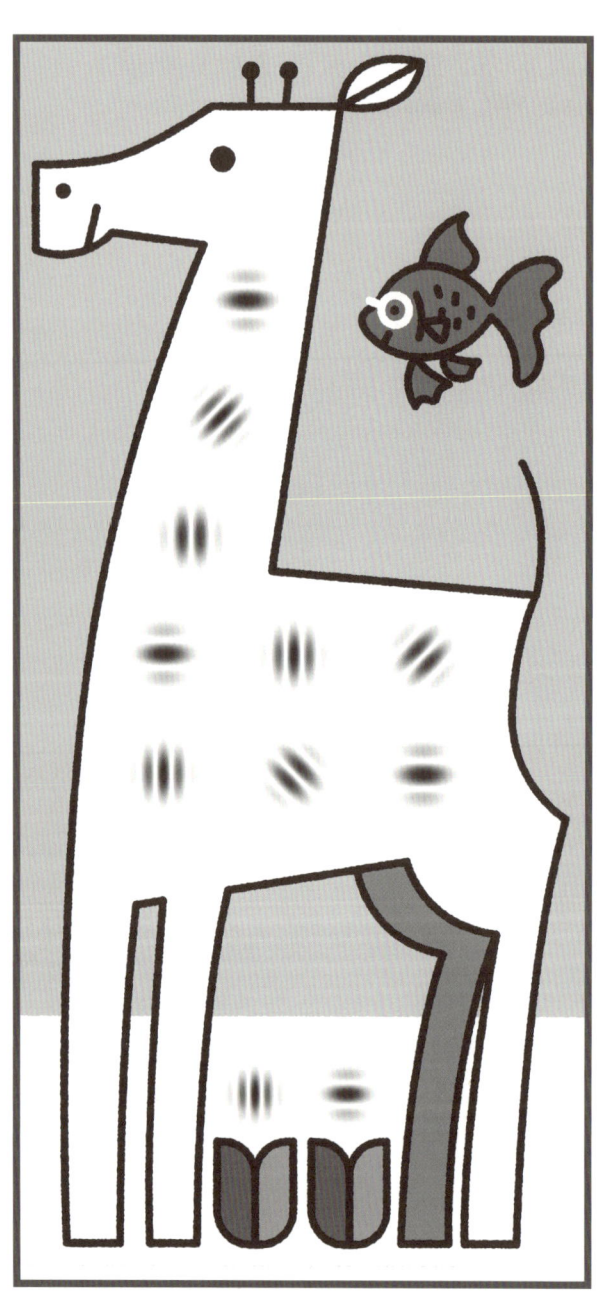

궁금증이 해결되는
이해 쏙쏙! 눈 퀴즈

눈이 매우 좋은 생물은?

1 매

2 코끼리

3 복어

 린이야, 눈이 매우 좋은 동물이 뭔지 알아?

 나! 기린은 눈이 엄청 좋거든.

 그래? 물고기는 눈이 좋지 않아. 내 친구 복어도 앞이 잘 안 보인다면서 투덜댔거든.

 불편하겠다. 내 친구 타조는 눈이 굉장히 좋아. 시력이 25 정도나 된대! 새들은 대부분 눈이 좋은 것 같아. **새는 하늘 높은 곳을 날면서 먹잇감을 찾거든. 특히 독수리나 매가 눈이 좋대.** 50미터 떨어진 곳에서 개미가 움직이는 모습을 볼 수 있다고도 하고, 1킬로미터 떨어진 곳에 있는 쥐를 볼 수 있다고도 하지. 깜짝 놀랄 만한 이야기가 아주 많아.

왼쪽 페이지의 가보르 아이 정답

퀴즈 정답 ▶ 1

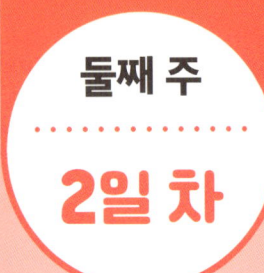

금붕어는 시력이 좋지 않아…

위와 아래 그림에서 다른 모양이 3군데 있어요. 찾아보세요.

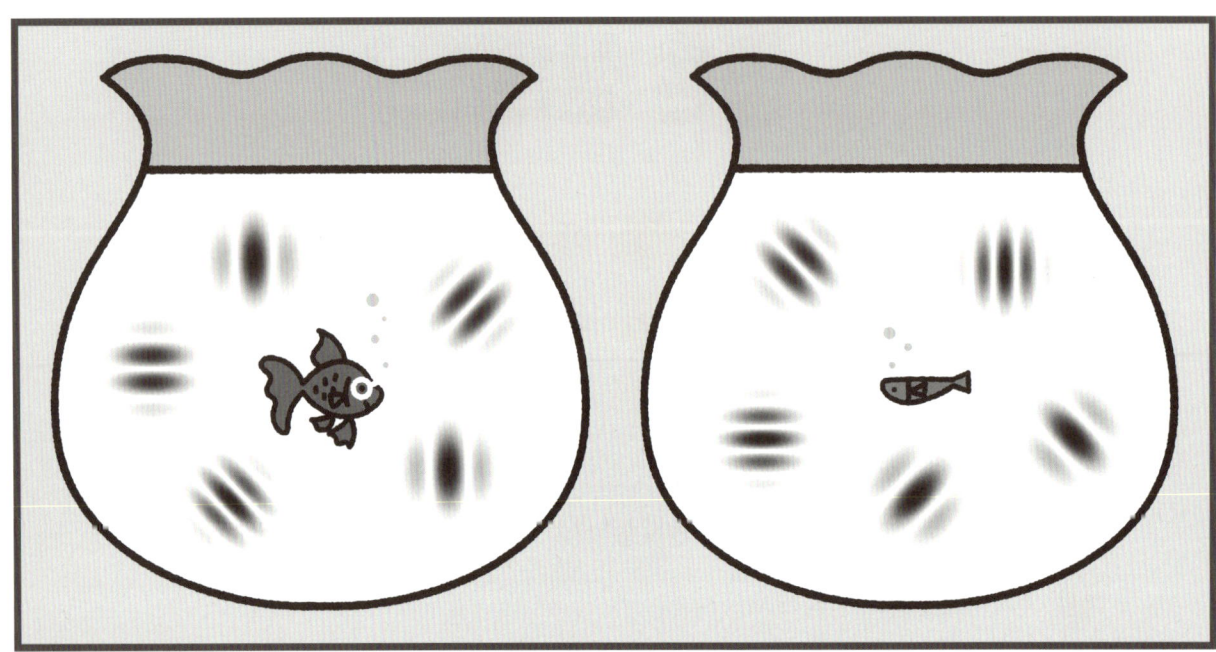

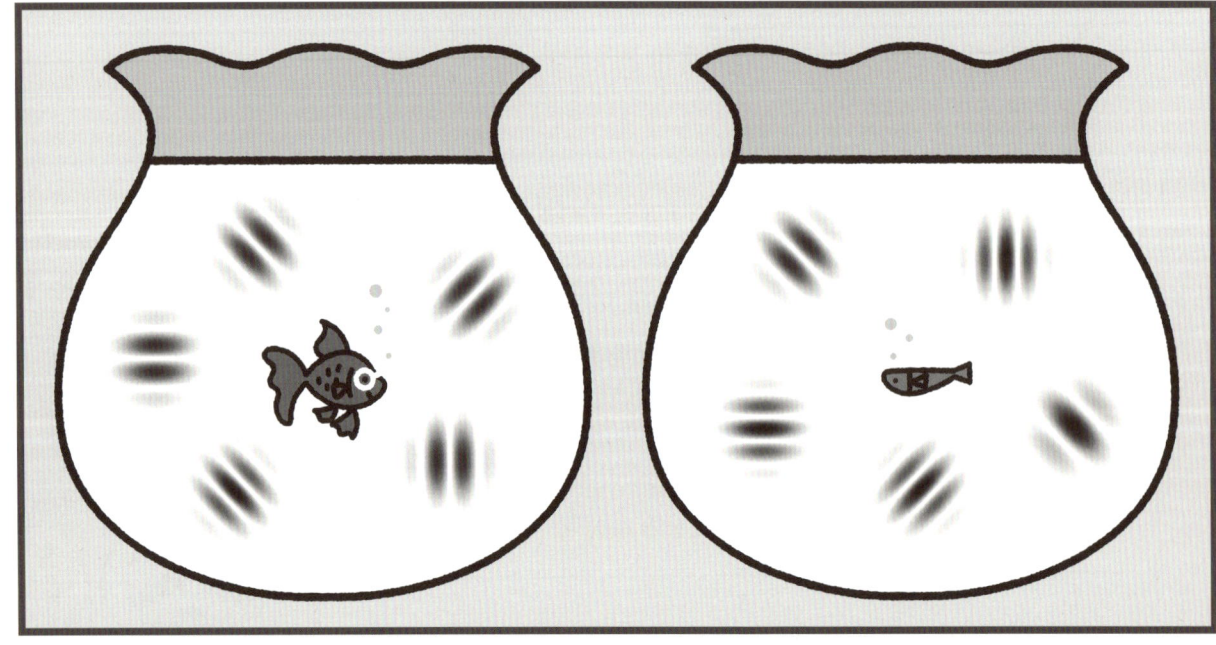

궁금증이 해결되는
이해 쏙쏙! 눈 퀴즈

눈이 아주 나쁜 생물은?

1 미어캣

2 코뿔소

3 사람

 금이야, 눈이 아주 나쁜 동물이 뭔지 알아?

 우리 물고기 말고? 두더지 아니야?

 두더지도 눈이 나쁘긴 할 것 같다. 또 있어?

 토끼의 눈도 별로 좋지 않다고 들은 적이 있어.

 동물원에도 있는 동물이야.

 미어캣인가?

 뭐야, 그 동물은? 모르겠는데. 정답은 코뿔소야.

 코뿔소가 그렇게 눈이 나빠? 그러고 보니 몸집은 큰데 눈은 아주 작구나.

 ==그 대신 코뿔소는 냄새와 소리에 아주 민감해. 잘 보이지 않는 걸 코나 귀가 메꾸어 주는 거지.==

왼쪽 페이지의 가보르 아이 정답

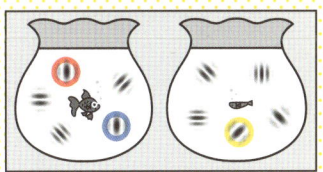

퀴즈 정답 ▶ 2

둘째 주 3일 차

토끼의 눈은 옆에 달렸다!

위와 아래 그림에서 다른 모양이 3군데 있어요. 찾아보세요.

궁금증이 해결되는
이해 쏙쏙! 눈 퀴즈

고개를 움직이지 않고도 주위를 둘러볼 수 있는 생물은?

1. 토끼
2. 고양이
3. 게

 이런!

 금이야, 왜 그래?

 똥이 엉덩이에 붙어서 안 떨어져. 흔들거리는 걸 보면 조바심이 나.

 금이는 엉덩이에 붙은 똥이 보여?

 응. **물고기는 고개를 움직이지 않아도 뒤가 보이거든.**

 엄청난데? 난 긴 목을 움직이지 않으면 안 보여.

 그건 물고기가 이겼네. 그런데 토끼도 그런 능력이 있다는 거 알아?

 우와, 정말?

 토끼는 움직이지 않아도 뒤까지 전부 다 보인대. 움직이면 하늘에서 먹잇감을 노리는 독수리나 매한테 들키기 쉬우니까.

왼쪽 페이지의
가보르 아이 정답

퀴즈 정답 ▶ 1

눈동자를 움직이는 카멜레온

둘째 주 4일 차

위와 아래 그림에서 다른 모양이 3군데 있어요. 찾아보세요.

궁금증이 해결되는
이해 쏙쏙! 눈 퀴즈

세상에서 제일 큰 눈을 가진 생물은?

1. 타조
2. 카멜레온
3. 대왕오징어

 너희들, 세상에서 제일 큰 눈을 가진 동물은 뭐일 것 같아?

 타조!

 툭눈금붕어!

 카멜레온!

 볼락!

 금이야, 물에 사는 생물만 말할 거야?

 정답은 물에 사는 생물, 대왕오징어야. 깊은 바다에 사는 오징어인데 몸의 크기는 평균 10미터야. 버스의 길이와 비슷하지. **눈은 지름이 30센티미터 정도인데, 농구공보다 살짝 크다고 생각하면 돼.**

왼쪽 페이지의 가보르 아이 정답

퀴즈 정답 ▶ 3

둘째 주 5일 차

잠자리는 눈이 커!

위와 아래 그림에서 다른 모양이 3군데 있어요. 찾아보세요.

잠자리의 눈은 왜 클까요?

1. 작은 벌레를 잘 보려고
2. 씽씽 잘 날기 위해
3. 눈물이 그렁그렁 담겨 있어서

 잠자리의 눈은 커. 머리의 절반 정도를 눈이 차지하는데, **곤충 중에서는 가장 큰 눈을 가졌다고 해.**
잠자리의 눈을 돋보기로 관찰하면 작은 눈이 많이 모여 있다는 걸 알 수 있어.
그 수는 1만~3만 개나 된대!
이 작은 눈 하나하나로 주변을 잘 둘러보는 거야.
잠자리는 날아다니면서 모기나 파리처럼 작은 벌레를 찾아내 잡아먹어.
그래서 눈이 커진 거라고 추측되지.
작은 벌레를 찾기 쉽도록 큰 눈을 갖고 있는 거야.

왼쪽 페이지의 가보르 아이 정답

퀴즈 정답 ▶ 1

물고기에게는 눈꺼풀이 없다!?

둘째 주 6일 차

위와 아래 그림에서 다른 모양이 3군데 있어요. 찾아보세요.

궁금증이 해결되는
이해 쏙쏙! 눈 퀴즈

물고기에게는 왜 눈꺼풀이 없을까요?

1 눈꺼풀이 없어도 눈이 마르지 않아서

2 잠을 잘 때만 눈꺼풀이 나온다

3 도깨비가 요술을 걸어서

 금이한테는 눈썹도 눈꺼풀도 속눈썹도 없네. 눈 주위가 깔끔하구나.

 부럽지?

 난 눈을 깜박거리지 않으면 아프거든. 금이는 괜찮아?

 동물은 눈물로 눈의 표면을 적시기 위해 눈을 깜박이지. 눈이 마르면 상처를 입기 쉬우니까. 하지만 금이 같은 물고기는 물속에 있으니까 눈을 적실 필요가 없어.

 잠을 잘 때도 뜨고 자.

 그럼 잠을 잘 때도 주변이 보여?

 뇌가 쉬고 있으니까 안 보여. 꿈은 꾸지만.

왼쪽 페이지의 가보르 아이 정답

퀴즈 정답 ▶ 1

둘째 주 7일 차

동물마다 눈의 위치가 다르다!

위와 아래 그림에서 다른 모양이 3군데 있어요. 찾아보세요.

궁금증이 해결되는 이해 쏙쏙! 눈 퀴즈

눈이 앞에 달린 동물과 옆에 달린 동물은 어떻게 다를까요?

1. 눈동자 색에 따라 다르다
2. 먹이 종류에 따라 다르다
3. 날개가 있느냐 없느냐에 따라 다르다

 개나 고양이의 얼굴을 정면에서 보면 눈이 얼굴 앞에 달려 있지.
토끼는 어때? 정면에서 보면 눈과 눈 사이가 멀어서 얼굴 옆쪽에 달려 있어.
개나 고양이 말고도 사자, 곰 같은 동물은 눈이 앞에 달려 있어.
그리고 사슴, 말, 염소 등은 옆에 달려 있지.
이건 먹는 음식이 다르기 때문이야.
얼굴 앞에 눈이 달린 동물은 육식 동물이야. 앞이 똑바로 보여야 먹잇감과 얼마나 떨어져 있는지 거리를 쉽게 잴 수 있거든.
하지만 사슴 같은 **초식 동물은 다가오는 적을 재빨리 발견해야 돼. 그래서 뒤쪽도 보이도록 눈이 옆에 달린 거야.**
물론 예외도 있지만 말이야.

왼쪽 페이지의 가보르 아이 정답

퀴즈 정답 ▶ 2

셋째 주 1일 차

금이는 물속에!

좋아하는 모양을 하나 골라서 모양과 방향이 같은 것을 찾아봐요.
다른 모양으로도 도전해 보세요.

궁금증이 해결되는
이해 쏙쏙! 눈 퀴즈

울지 않을 때도 눈물이 나온다는 말은 사실일까?

1 사실 (눈물은 항상 눈의 표면에 있다)

2 거짓 (눈물은 울 때만 눈에서 나온다)

3 거짓 (눈물은 정해진 시간에 눈에서 나온다)

 린이는 언제 눈물이 나?

 슬플 때랑 속상할 때.

 난 기쁠 때도 울어. 얼마 전에 태어나서 처음으로 100점을 맞았어! 기뻐서 눈물이 나더라.

 눈물은 어떻게 나오는 걸까?

 슬플 때나 기쁠 때처럼 마음이 흔들리면 **왜 눈물이 나는지, 그 이유는 알 수 없어. 하지만 눈물은 항상 눈의 표면에 있지.** 그 역할이 아주 중요한데, 눈이 마르지 않도록 지키기도 하고 먼지가 들어갔을 때 씻어서 흘려보내기도 해. 눈에 영양을 옮겨다 주거나 세균을 없애기도 하지.

왼쪽 페이지의
가보로 아이 정답

퀴즈 정답 ▶ 1

셋째 주 2일 차

린이에게는 모양이 한가득!

좋아하는 모양을 하나 골라서 모양과 방향이 같은 것을 찾아봐요.
다른 모양으로도 도전해 보세요.

왜 파란색이나 회색 눈을 가진 사람이 있을까?

1. 파란색이나 회색 사물을 많이 봐서
2. 색소의 양이 달라서
3. 도깨비가 요술을 부려서

 외국 영화에는 파란색이나 회색 눈을 가진 사람이 나오잖아.
사람에 따라 눈동자 색이 다른 이유는 뭘까?
색의 기본이 되는 것을 '색소'라고 하는데, 눈동자 색은 멜라닌이라는 색소의 양에 따라 결정돼. 자외선은 우리 피부가 많이 쬐면 안되는 빛인데, 이 멜라닌이 자외선을 흡수해서 세포를 지켜 주지.
멜라닌을 얼마나 갖고 있는지는 사람에 따라 달라.
멜라닌의 양이 많을수록 눈의 색깔이 검은색에 가까워지지.
친구와 눈의 색깔을 비교해 봐.
'검은색 눈'이라고 해도 검은색에 가까운 사람도 있고 갈색에 가까운 사람도 있는 등 조금씩 다르다는 걸 알 수 있을 거야.
피부나 머리카락 색깔이 사람에 따라 다른 것도 멜라닌의 양이 다르기 때문이야.

왼쪽 페이지의 가보르 아이 정답

퀴즈 정답 ▶ 2

수많은 눈이 보고 있다!

셋째 주 3일 차

모양과 방향이 같은 짝꿍을 찾아봐요.
다른 눈으로도 도전해 보세요.

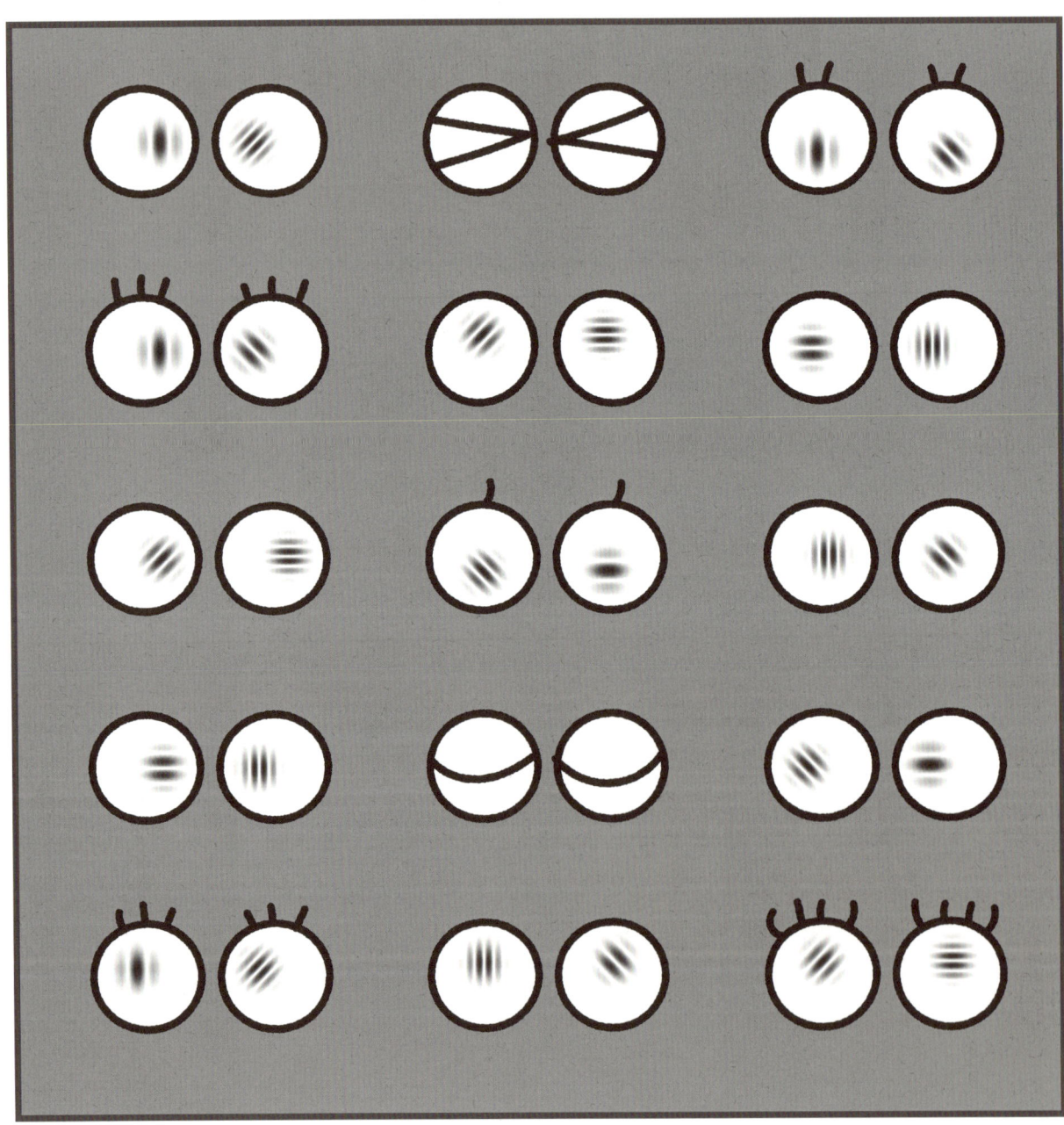

사람의 속눈썹은 대략 몇 개일까요?

1. 양쪽 합쳐서 50~70개
2. 양쪽 합쳐서 300~500개
3. 양쪽 합쳐서 1,000~2,000개

 어라? 금이 너는 속눈썹이 없네.

 없어도 별 상관없어. 린이는 속눈썹이 풍성하구나.

 먼지가 눈에 들어가지 않도록 속눈썹이 막아 주거든.

 난 물속에 사니까 먼지가 들어갈 걱정이 없어.

 그렇겠다. 사막에서 생활하는 낙타는 모래가 눈에 들어가면 안 되니까 속눈썹이 길대.

 사람은 어때?

 길이는 6~8밀리미터, 양쪽 합쳐서 300~500개 정도 돼. 물론 사람에 따라 다르기도 하대.

왼쪽 페이지의 가보르 아이 정답

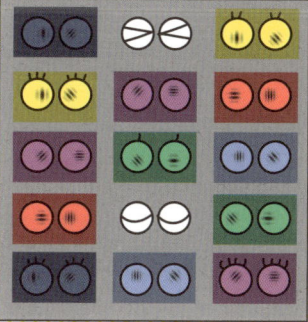

퀴즈 정답 ▶ 2

카드를 펼쳐 봤어!

셋째 주 4일 차

세 종류의 카드가 3장씩 있어요.
모양 조합이 같은 카드를 찾아보세요. 딱 한 장이 남을 거예요.

궁금증이 해결되는 이해 쏙쏙! 눈 퀴즈

눈썹은 무엇을 위해 존재할까?

1. 멋을 위해
2. 눈의 위치를 가르쳐 주기 위해
3. 여러 가지 설이 있다

 속눈썹은 왜 있는지 알겠는데, 눈썹은 대체 왜 있는 거야? 이물질이 눈으로 들어가지 못하게 하려고?

 그럴지도. '땀이 눈에 들어가지 않게 하기 위해' 라는 의견도 있어. 그런데 **눈썹이 무엇을 위해 있는지 그 이유는 정확히 알 수 없대.**

 그런데 박사님이 "생물은 필요 없는 것은 갖지 않는다." 라고 말씀하셨잖아. 뭔가 이유는 분명 있을 거야.

 화가 났다거나 슬프다거나 하는 **기분을 전달하고 표정을 만들기 위해 존재한다고 생각하는 사람도 있어.**

 우와! 린이 너 참 똑똑하다.

 (눈썹을 찡긋하며) 에헴.

왼쪽 페이지의 가보르 아이 정답

퀴즈 정답 ▶ 3

셋째 주 5일 차

같은 안약을 찾아보자!

좋아하는 모양의 안약을 하나 골라서 모양과 방향이 같은 것을 찾아보세요.
다른 안약으로도 도전해 보세요.

안약을 넣고 나서 어떻게 해야 될까?

1 눈을 깜박거린다
2 눈동자를 굴린다
3 눈을 감고 가만히 있는다

 안약을 넣은 다음에 너희들은 어떻게 하니?

 약이 눈 전체에 퍼지도록 눈을 깜박거려요.

 저도요! 눈동자를 이리저리 굴릴 때도 있어요.

 그렇게 하면 안약 넣어 봤자 말짱 도루묵이야.
눈꺼풀을 깜박거리면 그 자극 때문에 눈물이 많아지잖아.
그러면 약이 눈물 때문에 연해져서 효과가 약해져.
안약을 넣었으면 잠시 눈을 감고 가만히 있어야 돼.
약은 눈의 관과 이어져 있는 코 쪽으로도 흐르니까 콧대를 가볍게 눌러 주면 좋아.

 우와, 그렇구나. 안약을 넣으면 '눈 깜박거려!' 하고 말씀하시는 엄마한테도 가르쳐 드려야겠네.

왼쪽 페이지의 가보르 아이 정답

퀴즈 정답 ▶ 3

셋째 주 6일 차

해바라기를 보고 눈이 번쩍!

좋아하는 모양을 하나 골라서 모양과 방향이 같은 것을 찾아봐요.
크기는 달라도 좋아요. 다른 모양으로도 도전해 보세요.

궁금증이 해결되는 이해 쏙쏙! 눈 퀴즈

다음 중 기쁨을 의미하는 것은?

1 눈을 동그랗게 뜨기
2 세모눈으로 뜨기
3 반달눈으로 뜨기

 금이야, 왜 표정이 안 좋아?

 자꾸 친구들이 기억력이 안 좋다고 놀려.

 아하, 그래서 화가 나니 세모눈을 뜨고 있었구나.

 세모눈을 뜨는 게 화가 났다는 거야? 눈을 동그랗게 뜬 건 놀란 걸 의미한다고 들었던 것 같아.

 맞아.

 그럼 '반달눈으로 뜨기'는?

 기쁘고 즐거워서 웃을 때 눈이 반달처럼 가늘게 휘어지는 걸 말해.

왼쪽 페이지의 가보르 아이 정답

퀴즈 정답 ▶ 3

안경 뱀의 짝꿍을 찾아라!

셋째 주 7일 차

모양이 완전히 똑같은 뱀이 두 쌍 있어요. 찾아보세요.

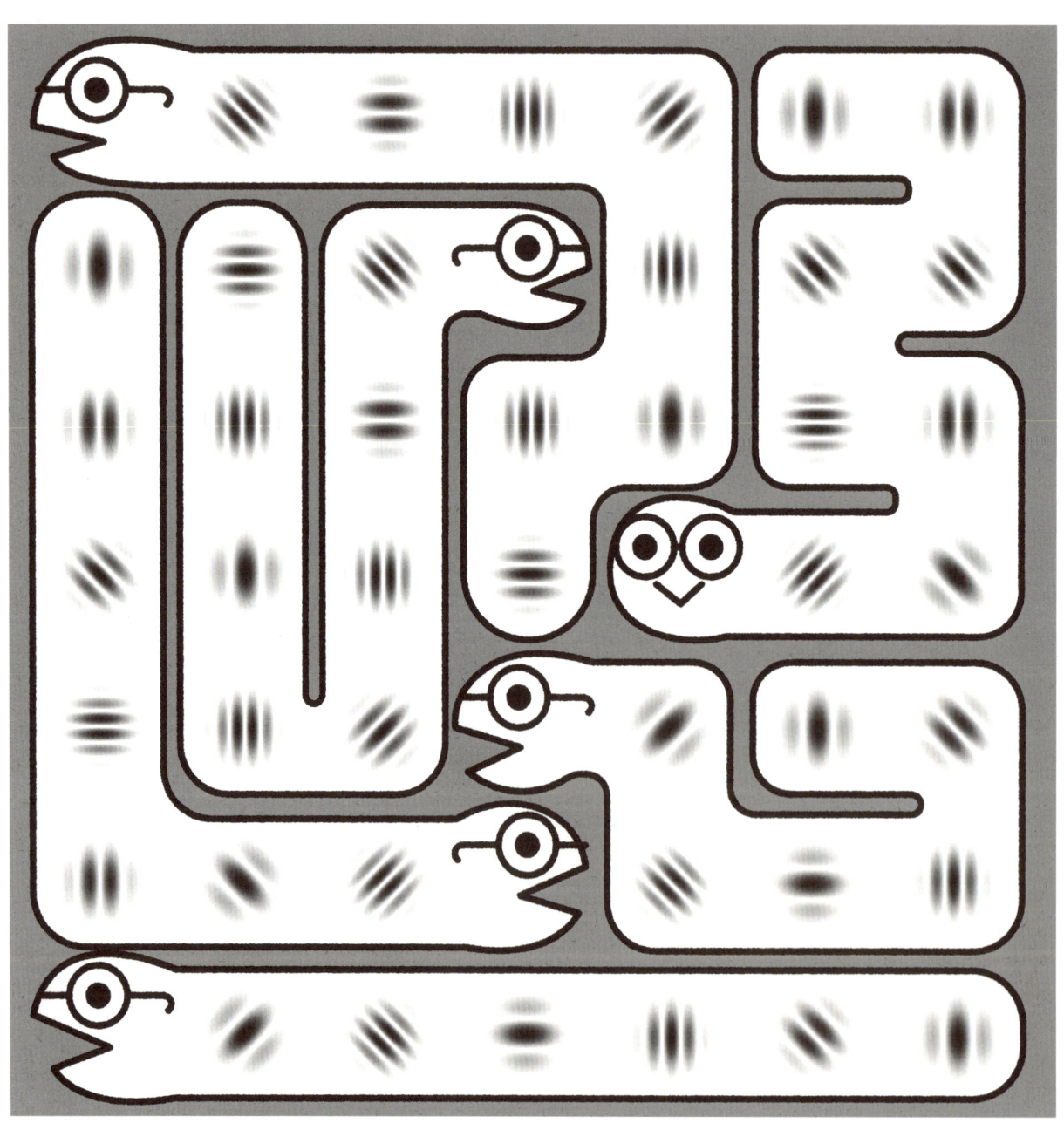

궁금증이 해결되는
이해 쏙쏙! 눈 퀴즈

세계 최초로 안경을 만든 나라는?

1 알 수 없다

2 영국

3 중국

 안경이 세계 최초로 만들어진 나라는 어디일까?

 나라도 크고 긴 역사를 가졌으니까 중국인가?

 아니래.

 음, 강대국이었던 영국인가?

 그렇게 말하는 사람도 있는데…….

 혹시 린이 너 정답을 모르는 거야?

 이탈리아라는 말도 있고 영국이라는 말도 있는데, 누가 발명했는지는 모른대.

 안경은 언제쯤 발명됐어?

 700년도 더 전에 만들어졌나 봐. 그때는 아마 아주 희귀했을 거야.

왼쪽 페이지의 가보르 아이 정답

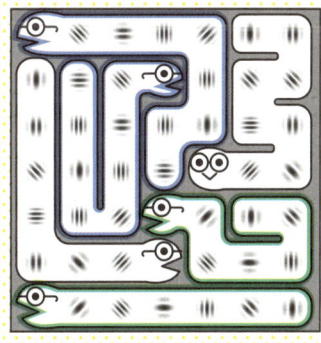

퀴즈 정답 ▶ 1

금이를 만나러 가자!

린이가 있는 출발 지점에서 도착 지점으로 가세요.

 ➡  ➡  이 순서대로 가세요.

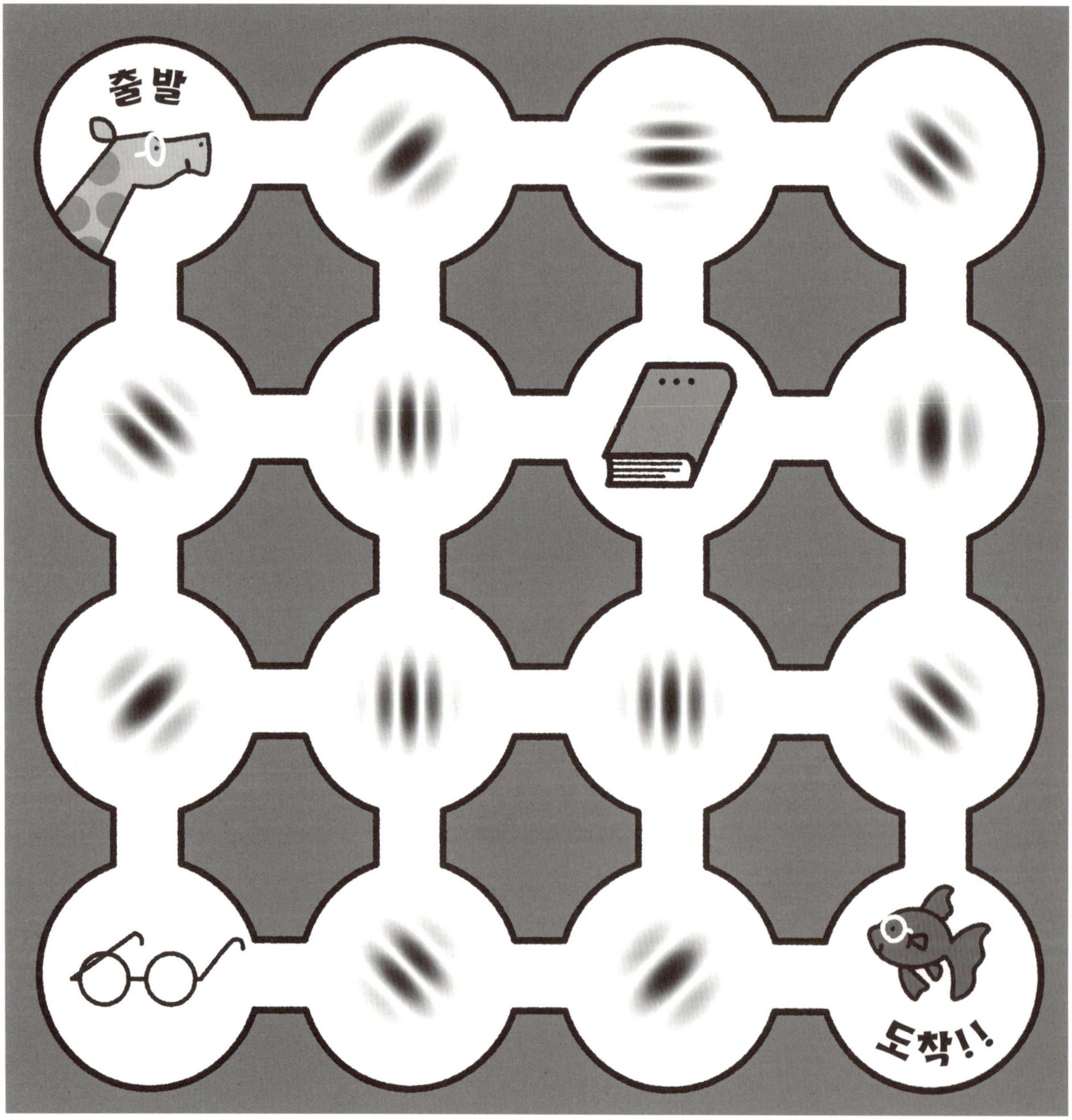

궁금증을 해결하는
이해 쏙쏙! 눈 퀴즈

눈이 나쁜 어린이가 늘어나고 있을까?

1 늘어나고 있다

2 줄어들고 있다

3 늘어나지도 줄어들지도 않았다

 너희가 학교에서 받는 시력 검사에 따르면 눈이 나쁜 아이들은 계속 늘어나고 있어. **시력 1.0이 되지 않는 초등학생은 지금 3명 중 1명 정도.** 약 40년 전에는 6명 중에 1명 정도였으니까 대략 두 배가 되었지.
왜 그렇게 됐을까?
확실히 밝혀진 건 밖에서 노는 시간이 줄어들었다는 점이야.
몸을 움직여서 많은 것을 보면 눈 건강으로 이어지지만, 그게 다는 아닐지도 몰라. 방 안이 아니라 밖에서 햇볕을 쬐는 것이 시력과 관계가 있지 않을까 하는 연구도 있어.

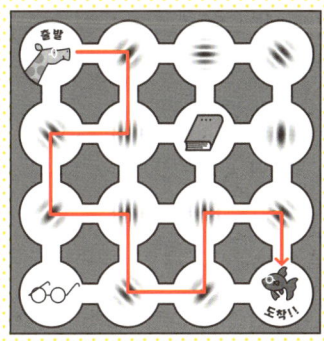

왼쪽 페이지의
가보로 아이 정답

퀴즈 정답 ▶ 1

넷째 주 2일 차

출발에서 도착까지 가 보자!

채소를 보면서 도착 지점을 향해 가 보세요.

 이 순서대로 가세요.

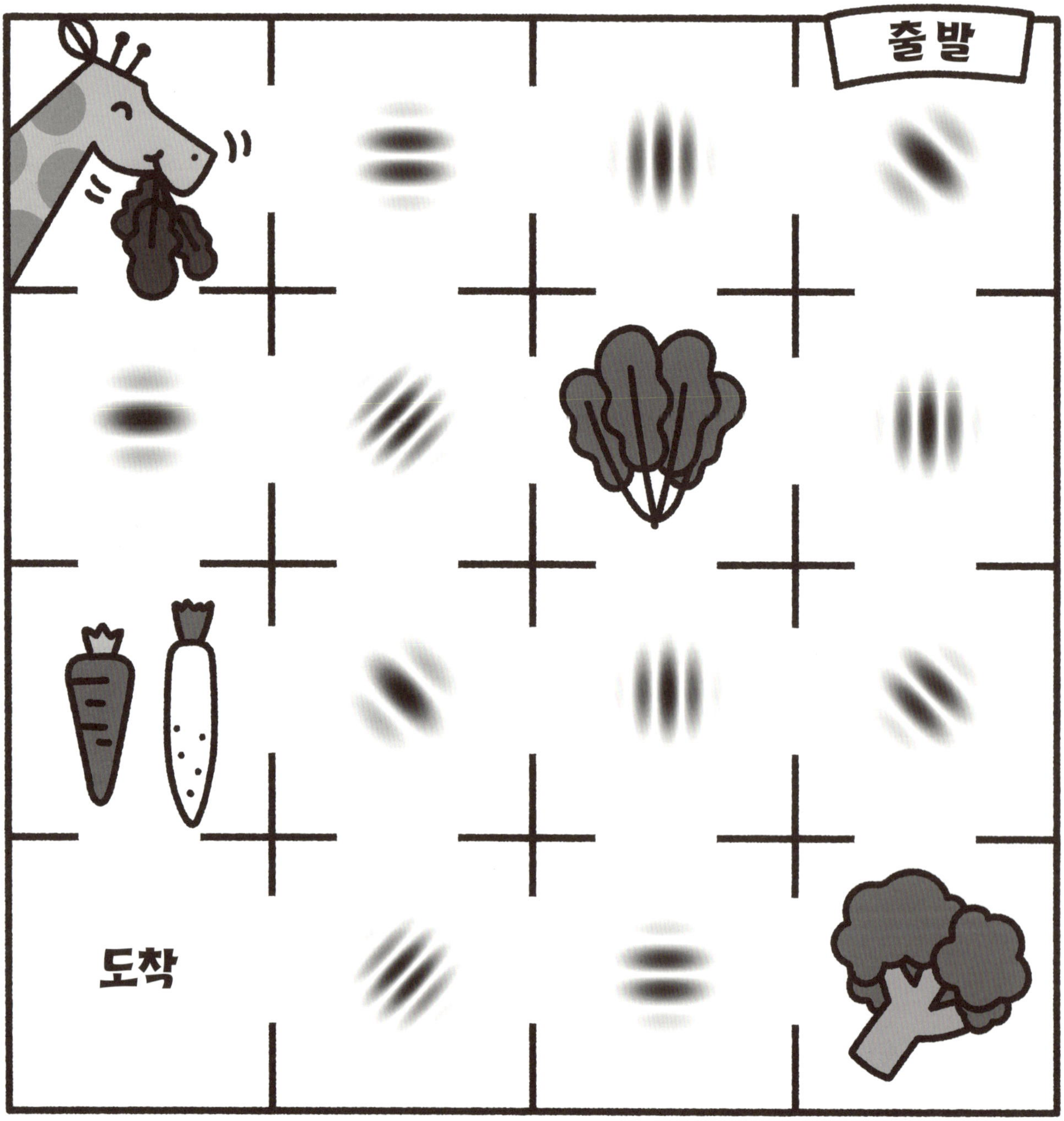

궁금증을 해결하는
이해 쏙쏙! 눈 퀴즈

시금치를 먹으면 눈이 좋아질까?

1 많이 먹으면 눈이 좋아지고 인기도 많아진다

2 오히려 눈이 나빠진다

3 아이들에게는 별 상관이 없다

 눈에 좋다면서 엄마가 시금치 반찬만 주셔. 난 시금치 안 좋아해서 먹기 싫은데 말이야.

 우리 집은 매일 아침 블루베리가 나와.

 시금치나 블루베리에는 루테인이나 안토시아닌같이 눈에 좋은 성분이 들어 있어서 그래. 하지만 이것들은 어른이 걸리는 눈의 병을 예방할 수 있을 뿐이야*. 어린이들의 눈과는 상관이 없지.

 어린이들의 눈에 좋은 음식도 있어요?

 특별히 없어. **골고루 영양을 섭취하는 게 중요하지.** 편식하지 말고 성장에 필요한 영양소를 꼭꼭 섭취하자.

* 황반변성, 백내장 등

왼쪽 페이지의
가보르 아이 정답

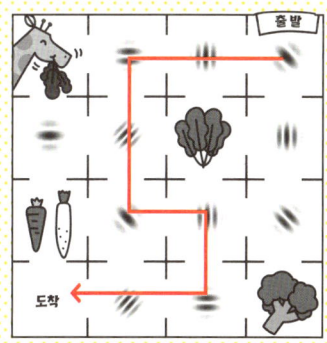

퀴즈 정답 ▶ 3

모양을 따라 가자!

넷째 주 3일 차

TV 속 미로예요.

 이 순서대로 가세요.

궁금증을 해결하는
이해 쏙쏙! 눈 퀴즈

TV는 얼마나 떨어져서 봐야 좋을까?

1. TV 세로 길이의 3배 정도
2. TV 세로 길이의 5배 정도
3. TV 세로 길이의 7배 정도

 왜 TV는 떨어져서 봐야 하는 거예요?

 사물을 가까이에서 계속 보면 눈이 나빠질 우려가 있으니까 조심해야지. 시력0은 눈알의 크기(앞뒤 길이)와 관계가 있어. **눈알이 너무 크면 눈이 나빠지는데, 가까운 곳만 보면 커질 수가 있거든.**

 그럼 붕어눈을 가진 사람은 눈이 나빠요?

 눈알의 크기는 겉으로 보기엔 알 수 없어. 눈이 크다고 해서 눈알도 큰 건 아니야.

 그런데 TV에서 너무 멀어지면 잘 안 보여요.

 너무 멀리서 보면 잘 보려고 실눈을 뜨게 돼서 오히려 눈이 피곤해지겠지? **TV 세로 길이의 3배를 기준으로 삼자.**

왼쪽 페이지의 가보르 아이 정답

퀴즈 정답 ▶ 1

금이에게 연락해 봐!

넷째 주 4일 차

린이가 있는 출발 지점에서 도착 지점으로 가세요.

 이 순서대로 가세요.

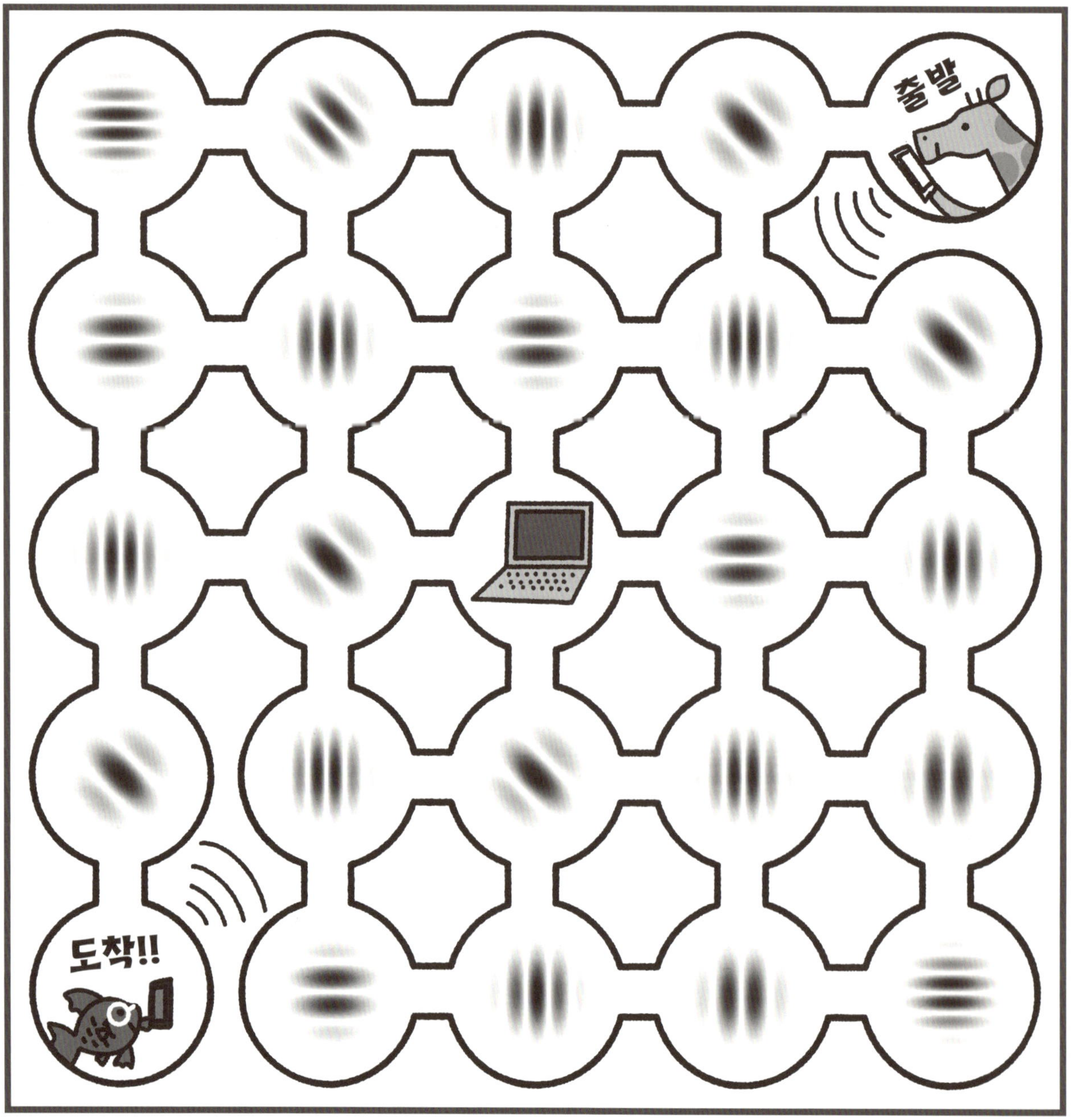

컴퓨터나 스마트폰은 눈에 안 좋을까?

1. 눈이 나빠지지 않도록 특수한 빛이 나온다
2. 쓰면 쓸수록 눈이 좋아진다
3. 어떻게 사용하느냐에 따라 눈에 좋지 않을 때가 있다

 학교에서 컴퓨터를 쓰는데 눈에 안 좋나?

 난 게임을 하면 엄마가 항상 눈 나빠지니 조금만 하라고 주의를 주셔.

 컴퓨터나 게임은 푹 빠지면 얼굴이 점점 화면 가까이로 다가가잖아. **가까운 곳을 많이 보면 근처만 잘 보이는 눈, 그러니까 근시가 되기 쉽거든.**

 컴퓨터나 스마트폰을 안 쓸 수는 없는데 어떡하죠?

 눈을 가끔 쉬게 해 줄 필요가 있어. **30분에 한 번은 화면에서 눈을 떼고 먼 곳을 보면 좋지. 30센티미터 정도 떨어져서 보고, 눈이 피로해지지 않도록 화면을 너무 밝게 설정하지 않는 것**도 중요해.

왼쪽 페이지의 가보르 아이 정답

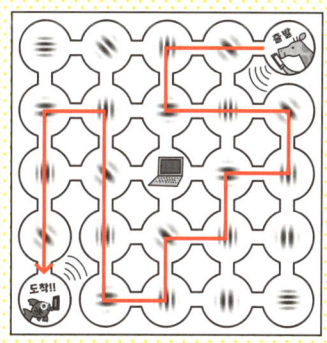

퀴즈 정답 ▶ 3

넷째 주 5일 차

두더지 길을 찾자!

두더지에게 인사를 하고 도착 지점으로 가세요.

 이 순서대로 가세요.

궁금증을 해결하는
이해 쏙쏙! 눈 퀴즈

어두운 곳에서 책을 읽으면 눈이 나빠질까?

1 근시가 진행되어 눈이 나빠진다

2 어두운 곳에서도 잘 보이는 눈이 된다

3 직접적으로 관계는 없다

 린이야, 전에 말한 만화책 빌려줘!

 어? 며칠 전에 부모님이 사 주시지 않았어?

 밤에 이불 속에서 몰래 읽다가 엄마한테 걸렸어. 잔소리 왕창 듣고 책도 압수당했어.

 아, 어두운 곳에서 읽으면 눈이 나빠지니까 그러셨나 보다.

 많이들 그렇게 이야기 하지만 **어두운 곳에서 읽는다고 해서 눈이 나빠지는 건 아니야.**

 그래요!?

 어두운 곳에서는 잘 안 보이니까 눈을 가까이 대고 보잖아. 그게 안 좋은 거야. 가까운 곳을 보는 일이 많아지면 눈이 나빠지기 쉬우니까. 그리고 잘 시간엔 잠을 자야지!

왼쪽 페이지의 가보르 아이 정답

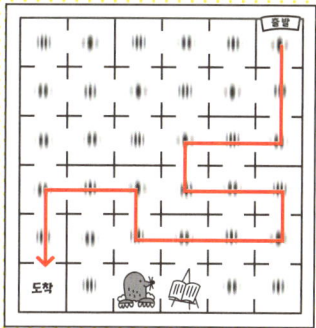

퀴즈 정답 ▶ 3

눈사람의 계절로 오세요!

넷째 주 6일 차

해님이 있는 출발 지점에서 눈사람이 있는 도착 지점으로 가세요.

이 순서대로 가세요.

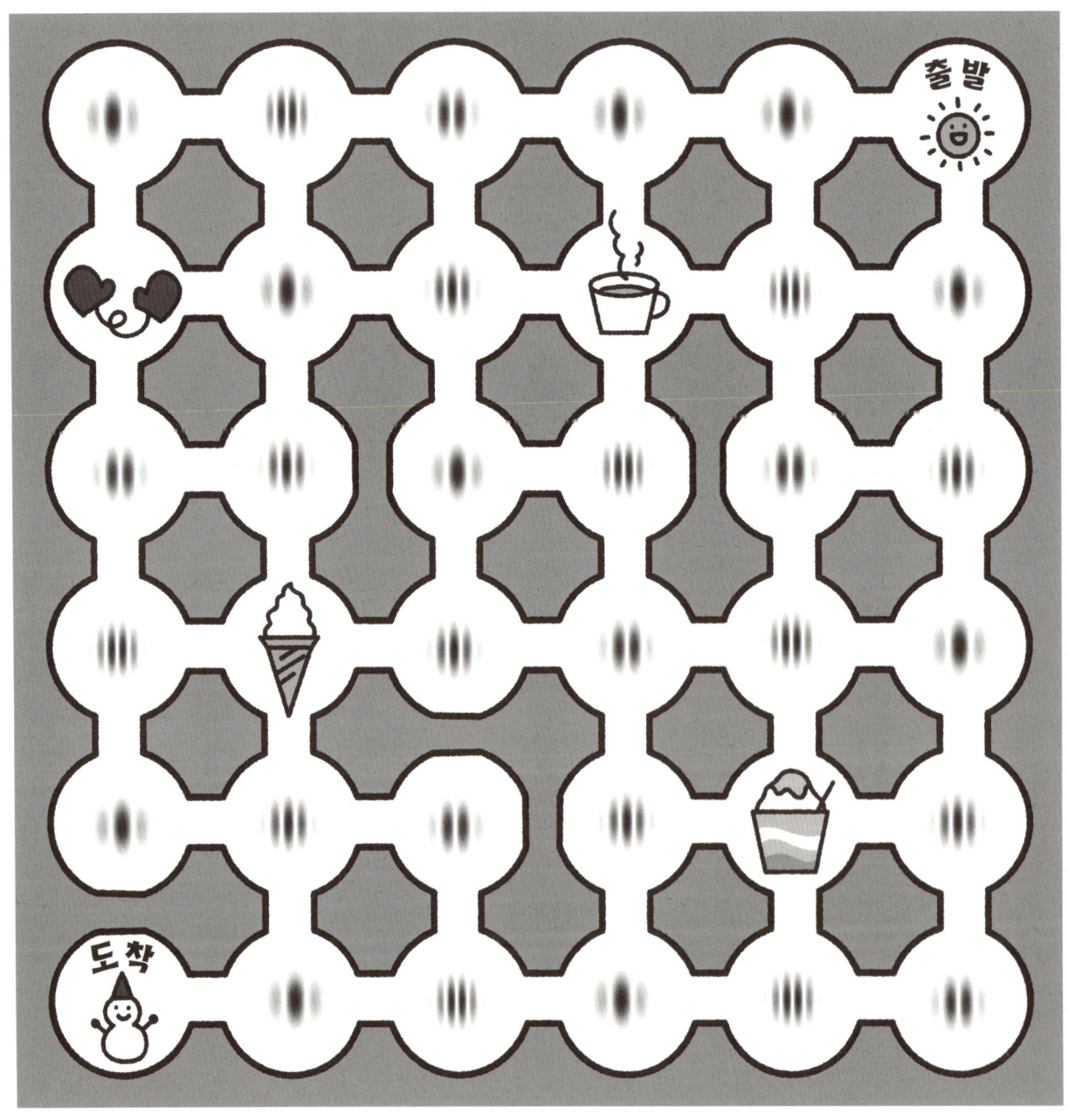

궁금증을 해결하는 이해 쏙쏙! 눈 퀴즈

눈이 피로할 땐 어떻게 해야 효과적일까?

1. 식힌다
2. 덥힌다
3. 둘 다 효과는 없다

 금이는 눈이 피로하면 어떻게 해?

 차가운 수건으로 식혀. 열이 날 때 이마를 식히면 기분이 좋잖아?

 오히려 그 반대야. 눈이 피로하면 덥히는 게 좋대! **양손을 문지르면 손바닥에 뜨거운 기운이 올라오잖아? 그걸 살포시 눈에 갖다 대면 피로가 풀린대.**

 그래? 왜 그렇지?

 눈이 피로할 때는 눈 주변의 혈액 순환이 나빠진대. 식히면 흐름이 더 안 좋아지니까 덥히는 게 좋다는 거야.

왼쪽 페이지의 가보르 아이 정답

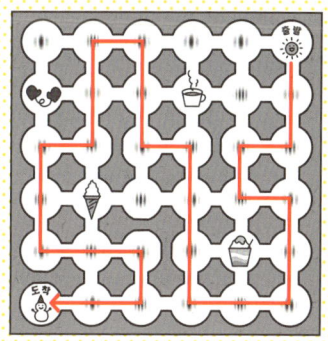

퀴즈 정답 ▶ 2

모양을 따라 가자!

넷째 주 7일 차

오늘은 조금 어려워요.

 이 순서대로 가세요.

출발

도착

궁금증을 해결하는
이해 쏙쏙! 눈 퀴즈

안경을 쓰면 눈이 더 나빠진다?

1. 안경을 쓰면 근시가 악화되어 눈이 나빠진다
2. 안경을 썼다고 해서 눈이 나빠지는 것은 아니다
3. 안경을 쓰면 밥이 맛있다

"안경을 쓰면 근시가 악화되어 눈이 나빠져. 안경 도수도 점점 높여야 돼."
라고 말하는 사람이 있는데, 이건 잘못된 상식이야.
예를 들어 키가 크면 옷을 사야 되잖아?
옷을 입었기 때문에 키가 큰 게 아니야.
안경의 도수가 바뀌는 것도 비슷해. 근시가 악화됐을 때 안경을 쓰면
'안경 탓'으로 생각하기 쉬운데, 쓰지 않아도 눈은 나빠지거든.
잘 안 보이는데 안경을 쓰지 않으면 점점 더 가까이 가서 사물을 보잖아.
자세도 나빠지고 눈도 자주 찡그리게 될거야.
시력에 맞는 안경을 쓰는 게 눈을 위해서도 좋아.

왼쪽 페이지의
가보르 아이 정답

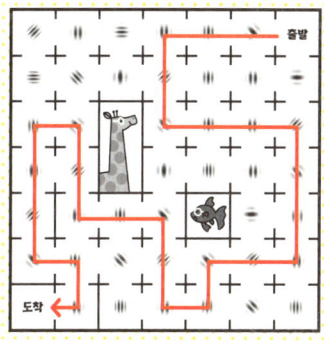

퀴즈 정답 ▶ 2

다른 곳은 몇 군데 있을까?

오른쪽 페이지와 왼쪽 페이지에 다른 모양이 있어요.
몇 군데가 다른지 찾아보세요.

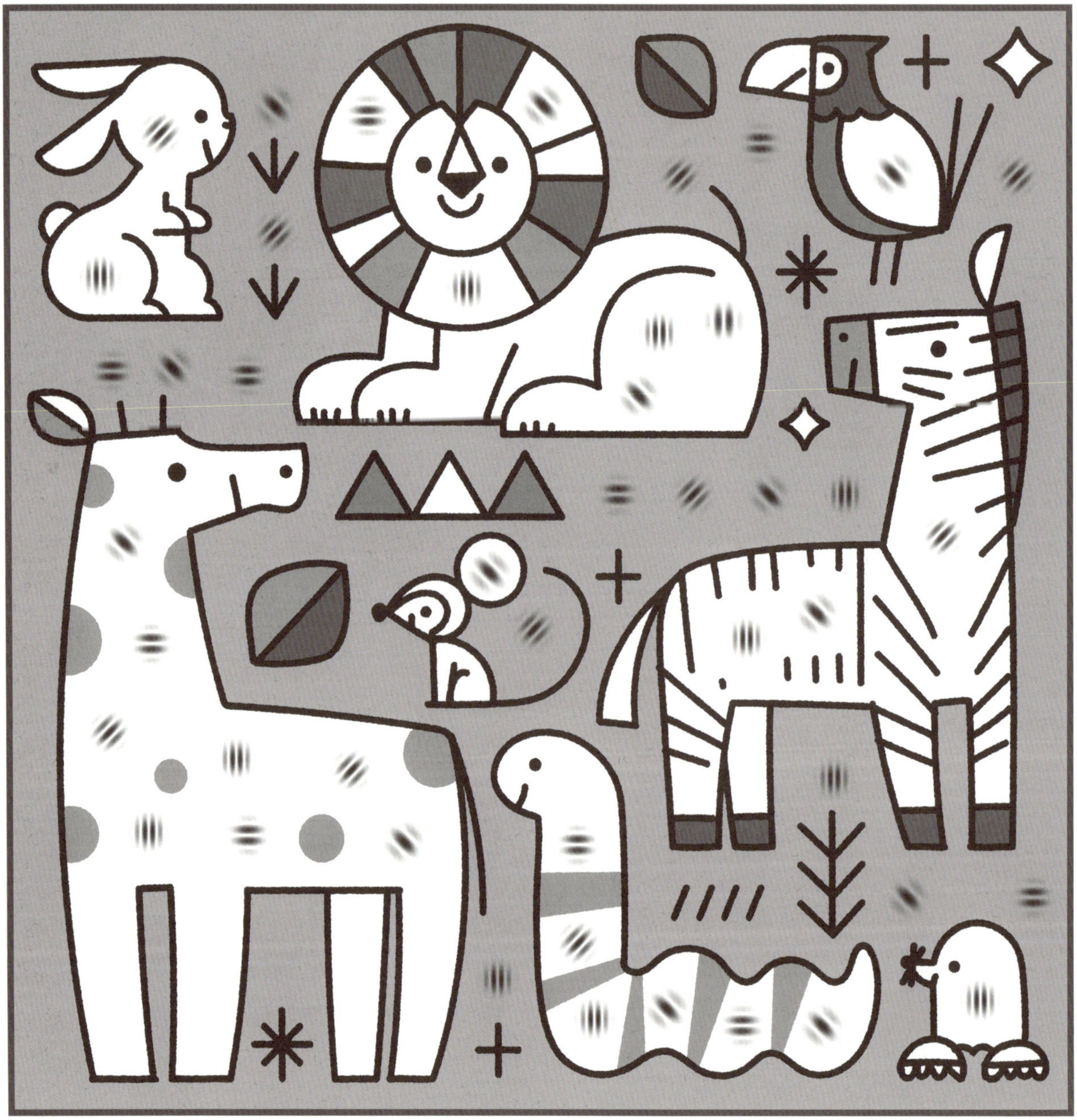

 앞으로도 계속 눈을 아끼자고!

 뭐야, 이게? 어렵다…….

 차근차근 하나씩 해 봐!

* 정답은 98쪽에

마치며

4주에 걸친 어린이 가보르 아이는 어떠셨나요?

달리 보이게 됐다. 눈의 피로가 가셨다. 눈을 아끼자는 마음이 생겨났다. 자녀들에게 그런 변화를 느끼고 있지는 않나요?

안과 대기실에는 항상 환자가 많습니다. 그리고 대부분은 고령의 노인입니다. 백내장, 녹내장, 황반변성, 망막박리 등 나이가 들면 눈에 트러블이 생기는 분들이 늘어납니다. 노화 현상의 일종이라 어쩔 수 없는 일이긴 하지만, 환자분들과 이야기를 나누다 보면 '조금 더 관리를 잘했으면 좋았을 텐데.'하고 아쉬울 때가 있습니다. 이런 트러블은 확실히 고령자에게 많이 나타나기는 하지만, 그 원인을 근시가 제공했다는 사실은 많이 알려져 있지 않습니다. 근시는 단순히 먼 곳이 잘 보이지 않을 뿐만 아니라 미래에 심각한 눈병을 일으킬 위험 확률을 높입니다. 위험을 조금이라도 줄이기 위해 근시를 예방하고 개선해야 합니다. 그러려면 하루하루 어떻게 생활하느냐가 중요하지요. 어린이들도 부디 눈 건강에 신경 써 주길 바라는 마음입니다.

어린이의 눈이 어른의 눈과 다른 점은 매일 성장하고 변화한다는 점입니다. '안경을 쓰면 근시가 악화된다. 점점 도수가 높아진다.'라는 분들이 있는데, 어린이는 안경을 쓰든 쓰지 않든 눈이 꾸준히 성장하기 때문에 근시가 진행되는 속도에는 변함이 없습니다.

세상에는 시력 개선법이 참 많은데, 성장 과정에 있는 어린이들이 할 때는 각별히 주의가 필요합니다. 민간요법 중에는 어린이의 근시를 오히려 악화시키는 방법도 있으니까요. 과학적으로 효과가 입증되어야 하는 것은 말할 것도 없고, 어린이의 눈이 자연스럽게 성장하는 데 방해가 되지 않고 부작용이 없는 시력 회복법이 아니면 도전하지 말아야 합니다. 가보르 아이는 원시, 난시, 노안 등에 효과를 인정받았지만, 이 책에서 '근시 예방이나 개선을 위해서만 사용하세요.'라고 꾸준히 반복하는 이유는 성장하는 어린이들을 대상으로 한 방법이기 때문입니다. 적절한 치료를 받지 않고 가보르 아이에만 기댄다면 치료 시기를 놓칠 수 있기 때문이지요.

초중학교 교실에는 안경을 쓴 아이들이 많이 있습니다. 뉴스에서도 어린이의 시력이 저하되고 있다고 강조하지요. 이러한 현상에 어떻게든 손을 써서 미래를 짊어질 아이들의 눈을 지키고 싶은 마음이 간절합니다. 가보르 아이를 하면서 근시를 예방하고 개선할 뿐만 아니라 어린이들이 눈 건강을 의식해 준다면 안과의로서 그보다 더한 기쁨은 없을 겁니다.

이 책을 집필하면서 어린이들이 즐길 수 있도록 독특한 일러스트를 그려 주신 일러스트레이터 사타케 슌스케 씨, 많은 조언과 도움을 주신 직장 동료들에게 다시 한번 감사의 말씀 올립니다.

히라마쓰 루이

고난도 문제(94, 95페이지)의 정답 7개